鄙人经商而不为市侩，办垦而不为沙棍，营正当之业，赚正当之钱，给正当之用，此
切实忍耐，黾勉前进，没有做不到的。

《中国科学社第一

今何独挚俭之一字为诸生勖？俭可以凝贞苦之心，可以养高尚之节，可以立实业之本

国计虽艰，民生实为国本
我辈粗粝布服，冻馁无虞，视彼哀鸿，宜若宵壤，倘不为之援手，何用我辈平日谈

《柳西草堂日记

夫养老，慈善事也。迷信者谓积阴功，沽名者谓博虚誉。鄙人却无此意。不过自己安

夫畏灾惧祸者，人之情也；为众谋利者，士之责也。

《淮沂沭治标商榷书》，《张謇全集》（4）

天之生人也，与草木无异。若遗留一二有用事业，与草木同生，即不与草木同腐。古

謇今年七十有一矣，为人牛马三十年，亦可以已。……謇既藉众力以成吾愿，亦必

虽不做官，未尝不做事。

《啬翁自订年谱》，《张謇全集》（8），上海辞书出版社，2012，第

愿为小民尽稍有知见之心，不愿厕贵人受不值计校之气；愿成一分一毫有用之事，不

诸贤当共念国家来日之大难，力图教育根本之全计，必有精进不已之心，然后能成

盖利于己而不利于人决非真利，真利者必利及人人者也。

《七场水利大会之演说》，《张謇全集》（4），上海辞书出版社

我国之现势与民生所最切要者，莫如农工专门学校。农为立国之本，其切要在棉；

待己，则以奋勉笃实为归；待人，则以仁民爱物为志。

《河海工程专门学校旨趣书》，《张謇全集》（4），上海辞书

明者也。……诸君嗣后做事，无论在学校在社会，勿畏事太难，亦忽视事太易，

南通各界宴会答辞》，《张謇全集》（4），上海辞书出版社，2012，第 514 页

育之施。

校开学演说》，《张謇全集》（4），上海辞书出版社，2012，第 123 页

也，是愿同志者勉之无倦耳。

全集》（8），上海辞书出版社，2012，第 65 页

家困苦，虽个人力量有限，不能普济，然救得一人，总觉心安一点。

养老院开幕演说》，《张謇全集》（4），上海辞书出版社，2012，第 508 页

出版社，2012，第 490 页

，做一分便是一分，做一寸便是一寸。鄙人之办事，亦本此意。

养老院开幕演说》，《张謇全集》（4），上海辞书出版社，2012，第 508 页

众报。

厂股东会宣言书》，《张謇全集》（4），上海辞书出版社，2012，第 551 页

命可耻之官：此謇之喜去也。

西堂日记》，《张謇全集》（8），上海辞书出版社，2012，第 422 页

无外之量，然后能集思。毋以已全而安于自足，毋以目小而局于一隅。

致顾于李黄诸生函》，《张謇全集》（2），上海辞书出版社，2012，第 508-509 页

348 页

，其先务在纺织。盖人生日用所需，衣食为大。

《致袁希涛函》，《张謇全集》（2），上海辞书出版社，2012，第 666 页

2，第 333 页

图书在版编目（CIP）数据

宏谋良愿：张謇的慈善理念与实践 / 黄正平等著 .
上海：同济大学出版社，2024.10.-- ISBN 978-7-5765-1352-3

Ⅰ. D632.1

中国国家版本馆 CIP 数据核字第 2024XE1802 号

南通市级宣传文化事业专项资金资助项目

宏谋良愿——张謇的慈善理念与实践

著　　作	黄正平等
出版策划	《民间影像》
责任编辑	陈立群（clq8384@126.com）
封面设计	陈益平
内文设计	景嵘设计
电脑制作	朱丹天
责任校对	徐春莲

出版发行　同济大学出版社　www.tongjipress.com.cn
　　　　　（地址：上海市四平路 1239 号　邮编：200092　电话：021- 65985622）

经　　销	全国各地新华书店
印　　刷	上海锦良印刷厂有限公司
成品规格	170mm×213mm　224 面
字　　数	188 000
版　　次	2024 年 10 月第 1 版
印　　次	2024 年 10 月第 1 次印刷
书　　号	ISBN 978-7-5765-1352-3
定　　价	99.80 元

本书若有印装质量问题，请向本社发行部调换　　版权所有　侵权必究

宏谋良愿
——张謇的慈善理念与实践

黄正平 等著

同济大学出版社·上海

论张謇与慈善

　　南通是著名爱国企业家、慈善家张謇的故乡。这里还有民政部支持、南通市主办的首家国家级慈善专题博物馆——中华慈善博物馆。2021年9月，南通市委、市政府提出把南通建设成为"人人参与、人人共享、向爱向暖、向上向善"的全国闻名的"慈善之城"。

——中华慈善总会会长　宫蒲光

　　回望历史，江苏慈善事业源远流长。在这片热土上，有我国历史上最早的官办慈善机构——建于南北朝时期的孤独园；有第一个规制完备的宗族慈善方式——宋代范仲淹创立的义庄；有最具影响力的善会善堂——清代无锡同善会；有最具代表性的实业慈善家——清末民初的张謇、中华人民共和国成立后的荣毅仁等，恤老慈幼、扶贫济困、乐善好施的优良慈善传统薪火相传。

——江苏省副省长　方　伟

　　南通的张謇一生致力于三件事，办工业、办教育、办慈善。办工业，是为了民众的生计，即解决"养"的问题；办教育，是为了青少年的成长，即解决"教"的问题；而办慈善，目的是解决"失教"和"失养"的问题。张謇之所以成为中国民营企业家的先贤和楷模，是因为他将企业和企业家的精神价值提升到一个近乎完美的境界。

——江苏省慈善总会会长　李小敏

张謇一生热衷慈善，倾心致力于慈善，开创了中国慈善的不朽功业，被称为"中国近代慈善第一人"。

——江苏省张謇研究会名誉会长　罗一民

南通历来是一座崇善、向善、行善的大爱之城。一百多年前，张謇先生秉承"祁通中西，以宏慈善"理念，在南通创办盲哑学校、栖流所等慈善机构，开创了中国近代慈善事业的先河。

——南通市市长　张　彤

张謇认为，慈善同实业、教育一样，都是实现富国强民、建立"新新世界"的重要途径。将慈善事业纳入整个改良社会的系统工程中，张謇成为近代中国慈善公益的先行者和探索者。

——南通市政协主席、市慈善总会会长　黄巍东

张謇,不会因时间的流逝而湮灭(代序)

著名历史学家章开沅先生说过,"张謇确实是一个值得长期研究的重要历史人物,无论是就其思想还是就其事功而言都属如此。"张謇从小受中国传统优秀文化熏陶,一举夺魁,却转身从事工农商诸项实业,投身救国兴国的生动实践,在南通成就了城市近代化的开创性事业,其敢为人先、甘为牛马的强毅之志、之力、之功,集中反映和体现了张謇的爱国情怀、勇于创新、诚信守法、社会责任、国际视野,堪称"爱国企业家的典范""民族企业家的楷模""民营企业家的先贤"。

对张謇先生这样百科全书式的历史人物,任何时候进行解读都不过时。在新时代话语体系下解读张謇,近年来我的思索甚多,有很多想法和说法。身处新旧交替时期的"状元企业家"张謇,人生之复杂,思想之多变,事业之庞大,我们应当全面、客观、正确地认识并作出评价。

我的体会,有三个"三":

认识张謇一生有三个维度。一是新旧交织的历史维度。张謇所处的时代,正经历着"千年未有之大变局"。其间,去旧趋新,风云激荡。时代的潮流,把张謇推向了一个急剧变迁的世界。善于学习思考、已经大开眼界的张謇,发奋图强,毅然以学习、践行新事物的全新形象迈向实业和教育的广阔舞台。就儒家学说而言,他饱读四书五经;从所言所行来看,他正实现着一种嬗变,即从封建士大夫、晚清状元向现代意义上实业家、教育家、慈善家身份的嬗变。从张謇身上,我们看到"士负国家之责"的爱国情怀,"独力开辟新路"的创新精神,"言忠信行笃敬"的诚信品格,"兼济天下苍生"的民本意识,"洞明世界大势"的开放胸襟。二是非凡事业的成就维度。张謇举办事业之多、之广、之全,在近代实业家群体中亦属罕见。他自谓涉及实业、教育、慈善三大领域,却包含农工商业、文教卫体、济困助弱等方方面面。张謇当时在南通的所作所为,旨在全域治理,覆盖城市功能主体要素,关乎领域众多。如果据贡献把他的身份全都罗列出来,未免太过庞杂。所以,有必要仔细梳理、分析研究,突出重点,彰显主要业绩、主体身份。三是历史评价的现实维度。依据科学历史观看待张謇,就是要用历史学的科学方法、正确路径,把历史与现实紧密结合起来,实事求是作出客观评价。历经一个世纪,我们再用发展的眼光和与时俱进的态度评价张謇,就有了从容、理性、冷静以及思辨,就有了认识上的洞见、新知和递进。突出主干,去掉并不十分重要的枝枝蔓蔓,反而能彰显其本意、本色、本质。

　　理解张謇事业有三大领域。即实业、教育、公益慈善,以及企业家(实业家)、教育家、慈善家三重身份。张謇曾阐述过三者间的关系:"以为举事必先智,启民智必由教育;而教育非空言所能达,乃先实业;实业、教育既相资有成,以及慈善,以及公益。"因此,如果只有实业救国、教育救国而没有社会公益和近代慈善,就构不成张謇完整、真实的人生,也反映不了他的远大抱负和民生情怀,更不能体现张謇的所有社会贡献,特别是作为企业家强烈的社会责任感。一是企业家的主体身份,突出表现在张謇创建大生纱厂及以后举办的40多个实业项目中。张謇怀揣实业救国的瑰丽梦想,信奉和贯彻棉铁主义和村落主义的实践路径,据时需和地域产业优势,从兴办棉纺工业起步,在南通渐次展开工业—农业—商业的实业道路。从工业到农业、商业,从微观到宏观,构筑了一个近代城市城乡一体、相对完整、有序循环的经济格局、产业体系。二是教育家的重要身份。张

垦区农妇在整理棉花

謇早年执掌多所旧式书院，对教育有兴趣，也有钻研，更有识见。中状元后，在中国内外交困的现实面前，张謇对"实业救国""教育救国"相互关系、贵在实践的认识渐趋成熟。在他看来，二者是并举的，所谓"迭相为用"，启民智、开风气重在教育，而实业又为教育提供必不可少的"初乳"，张謇遂用"实业为母、

南通博物苑

教育为父"比喻之。他直接举办、倡导举办的除了初等教育、中等教育外，还有高等教育、职业教育、学前教育、艺术教育、特殊教育、社会教育等，涉猎足够广大，且不只在南通一地。不仅如此，他还创办了更俗剧场、博物苑等，把文化也纳入大教育范畴。三是慈善家的社会身份。张謇在南通创办各类慈善机构10余家，可见其对慈善的看重，尽心尽力而为。作为具有深厚儒家传统思想的晚清状元，深厚的民本思想促使他更多关心社会底层民众、生活无助的弱势群体。于是，不忌谤言、力排众议，不遗余力、倾心倾力扶弱济困，在他身上体现出传统慈善向现代慈善思想和实践的转化与统一。张謇在考察新育婴堂选址鱼池港后，集联两副题新育婴堂。一副分别出自《尚书》和《庄子》，为"若保赤子，与为婴儿"；另一副出自《礼记》，为"养幼少，作新民"。大意是，从婴儿身心出发，去关爱这些孩子，把他们培养成自食其力、对社会有用的人。在办慈善过程中，张謇接受西方先进的现代慈善理念，从传统的救济转变为更多为城市提供底线保障、基础保证，所谓"托底"。正如余秋雨先生在南通演讲时一语破的："张謇所做的事情是，他找到了南通这个支点，他要撬动中国的现代文明。"

评价张謇地位有三重关系。一是一个人与一座城的关系。张謇与南通，二者相互成就。张謇成就了"中国近代第一城"——其时南通的辉煌，同时也是南通成就了他人生理想和事业的辉煌。当时的南通相对传统、封闭、落后，亟须开一代风气的领军人物。张謇办成纱厂，通过大幅度提高纺纱能力，使本地传统产业链拉长、贯通，形成了一条完整的而且是强大的产业链。100年前的南通，已经建成了以农工商实业为主体的比较完备的近代经济体系，建成了以面广量大为特征的比较完整的近代教育体系，建成了以公益慈善事业为内容的比较完善的近代社会保障体系。张謇经过30年的苦心经营，使南通早期现代化建设达到了一定的水准，时誉"模范县"。二是一个人与一群人的关系。如果说张謇作为一个领

俱乐部

军人物,发挥了无与伦比的引领作用,那由他率领的这个团结协作的创业团队发挥了至关重要的作用。如果没有凝聚力强大的精英团队的集体作为,张謇个人再高明也创造不了庞大的基业。"一个好汉三个帮",张謇巨人般的人生也恰好说明了一个人与一群人相互之间密切的关系。张謇曾说过,其事业有成赖于不绝的贤人助阵,功归"一兄一友两弟子",其中兄指三哥张詧,友为沈敬夫,两弟子即指江谦和江知源。其中张詧、沈敬夫、江知源等构成了以张謇为中心的近代南通企业家群体。张謇践行实业报国、教育救国梦想的依靠,正是这一个志同道合、众志成城的核心团队。三是一个人与一段历史的关系。张謇从出生到去世,正是中国近代史上风云诡谲的时代。他出生时正值太平天国运动爆发,高中状元又恰逢甲午战争爆发,此后又经历辛亥革命、军阀混战,等等。在这样的大变局中,张謇始终坚守"实业救国""教育救国",强毅力行,做一分便是一分。在胡适先生看来,张謇是"伟大的失败的英雄"。他的失败,不在自身,而在国内国际时局。今天我们阐释张謇,再来称颂张謇,就是因为他在中国近代史上创造了诸多辉煌,留给我们开路先锋的伟岸形象、一往无前的英雄气概和不屈不挠的拼搏精神,当代中国和南通人民可以从他留下的文化遗产、精神财富得益良多。他用奋斗的业绩书写了历史,也把自己写在了历史的光辉篇章中。

研究张謇有多维视角,可按时空,可按事业,可按思想文化等。公益和慈善是他诸多事业的一条历史线索，百年以来张謇研究中都有所涉猎，但从传统走向现代的系统性成果并不多。本书试图跨越时空，作一综合、相对完整的研究，进行全景式的评述，以回答张謇在探寻地方现代化实践道路上慈善方面的地位和作为，以及所体现出来的思想轨迹。实业、实干、实绩，这是张謇留给我们的光辉，也是生动而丰满的实际形象。希望广大读者通过对张謇慈善思想及其实践的了解，能多维、多向、多方位、多角度地了解张謇，在历史和现实的统一和贯通中客观、全面、生动地予以认识和解读。

张謇是一块镌刻在南通和近代中国社会的丰碑，是一位筚路蓝缕、艰难跋涉的开拓者。章开沅先生在《张謇与近代社会》一书的最后写道："我们有充分的理由可以这样地说，张謇和他的地方事业对当时和后世产生的影响，不会因大生集团的遇挫、张謇的谢世以及国民党对南通的控制而湮没无踪，也不会随岁月流逝而销蚀，相反却越加显得光彩夺目。"的确，我们应当始终相信，张謇的典范力量不会因为时间的流逝而湮灭。

黄正平

目 录

绪 论 ·· 19
 一、研究缘起 ·· 20
 二、学术史回顾 ·· 22
 三、研究视角 ·· 26
 四、研究价值 ·· 35
 五、时代意义 ·· 36

第一章 张謇慈善思想渊源及发展 ···································· 39
 一、源泉和动力 ·· 41
 二、理想和规划 ·· 46
 三、方案和成效 ·· 50
 四、情怀和风范 ·· 54

第二章 张謇早年的慈善实践 ·· 59
 一、热爱乡里，关心民生 ·· 64
 二、游幕生涯，慈善实践 ·· 67
 三、返回乡里，商试兼顾 ·· 73

第三章　张謇在南通所办慈善事业 ·········· 79
一、新育婴堂 ·········· 81
二、南通医院 ·········· 86
三、养老院 ·········· 92
四、盲哑师范传习所 ·········· 95
五、盲哑学校 ·········· 97
六、贫民工场 ·········· 102

第四章　张謇鬻字与慈善 ·········· 109
一、鬻字原因 ·········· 111
二、过程和资金流向 ·········· 115
三、组织管理 ·········· 124

第五章　后张謇时代的南通张氏慈善事业 ·········· 129
第一节　张氏慈善　专业管理 ·········· 133
一、成立专门组织，管理慈善机构 ·········· 133
二、寻求多方支持，勉力维持运转 ·········· 139

第二节　历经艰难，逐渐式微…………………………………………148
　　　　一、影响此消彼长，主导地位不再……………………………………149
　　　　二、事业规模收缩，艰难之中延续………………………………………153
　　　　三、多家慈善机构，退出历史舞台………………………………………170
　　第三节　继往开来，再写新篇……………………………………………176
　　　　一、张謇慈善事业调整、改造与衰息……………………………………176
　　　　二、张謇慈善事业遗存概述……………………………………………181

第六章　张謇慈善事业的社会影响与当代启迪……………………191
　　　　一、困境中的突破……………………………………………………194
　　　　二、转型中的探索……………………………………………………196
　　　　三、兴衰启示…………………………………………………………204

大事记……………………………………………………………………208
参考文献…………………………………………………………………210
后　记……………………………………………………………………215

绪 论

一、研究缘起

中国传统文化典籍中将"慈善"看作是"积德行善",常见于灾荒之际的施粥、养孤等行为。近代以来,随着西方思想传入,传统的慈善观念也逐渐向近代公益慈善思想转变,晚清民国之际,涌现出诸多慈善家和慈善组织,成为社会文明进步的重要标志,备受关注。

在晚清民国"千年未有之变局"中,曾参与诸多历史事件的晚清状元张謇,集士子、文人、状元、实业家、政治家、教育家、慈善家等多重身份于一身,创造了中国近代史上令人瞩目的成就。张謇创办了以大生纺织公司为核心的企业集团;开发滩涂,推广植棉和棉种改良,推动了苏北沿海棉垦区的形成;创办了一批职业学校、特殊教育学校和高等学校,在南通构建了相对完整、门类齐全的教育体系;对南通进行了全方位的经营,使南通从一个偏僻县邑转变成一个名闻遐迩的近代工商业城市。胡适曾这样评价张謇:"他独力开辟了无数新路,做了三十年的开路先锋,养活了几百万人,造福于一方,而影响及于全国。"① 2020年11月,习近平总书记盛赞张謇是中国民营企业家的先贤和楷模,这是对张謇企业家精神本质的高度概括。

从事慈善事业,是爱国企业家张謇造福乡梓、建设早期现代化的重要实践,与其所创办的实业、教育事业并称为张謇建设南通的三驾马车。张謇认为,国家强盛的根本,在于发展实业和教育,"而弥缝其不及者,惟赖慈善"②,慈善可以覆盖那些没有从实业和教育发展中受惠的人群。尽管相对于"积极之充实者"的教育,慈善"属于消极之救济者"③。在张謇倡导和引领下,一群南通先贤"累

---

① 张孝若:《南通张季直先生传记》,中华书局,1930,胡适序第3页。
② 张謇:《呈筹备自治基金拟领荒荡地分期缴价缮具单册请批示施行文》,李明勋、尤世玮主编:《张謇全集》(1),上海辞书出版社,2012,第430页。
③ 张謇:《致卢鸿钧函》,《张謇全集》(3),上海辞书出版社,2012,第883页。

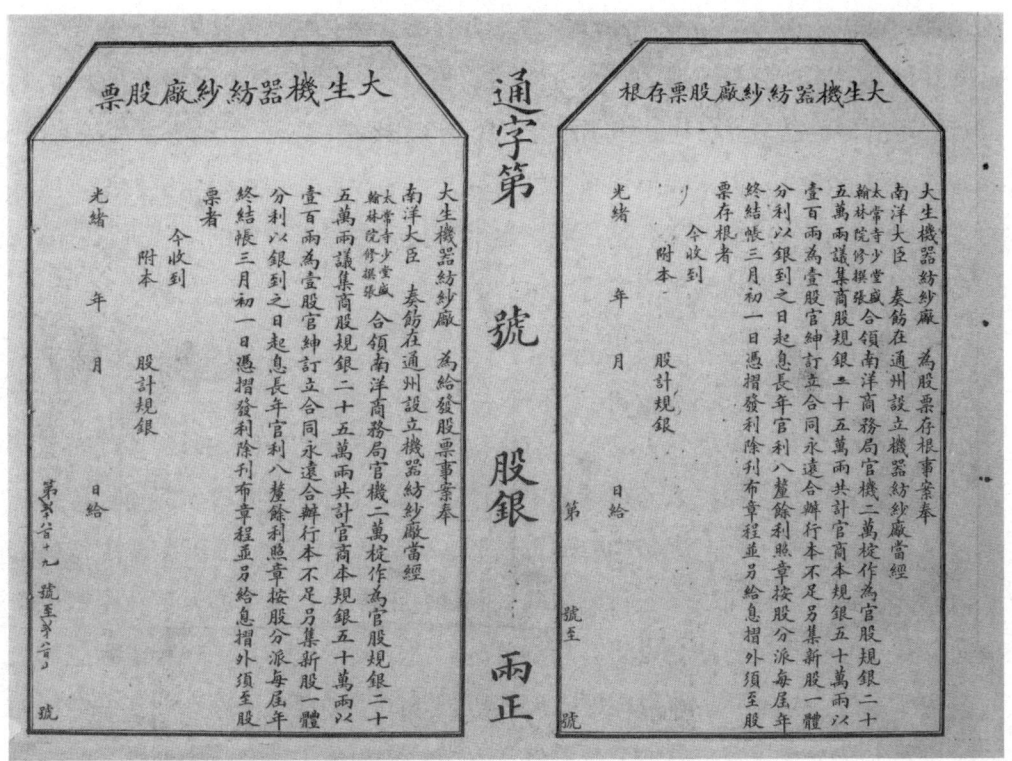

大生纱厂创办初期向社会募集资金发行的股票及其存根（编号为2819～2820），原件藏南通市档案馆

二十年艰苦经营，竭百十辈心思财力，构成教育、实业、自治、慈善各公益，始具雏形……引为模范"[1]，新育婴堂、南通医院、养老院、贫民工场、济良所、盲哑学校、栖流所、残废院等在南通相继设立。

新时代传承和弘扬张謇企业家精神，除了要了解张謇在兴办实业过程中的爱

---

[1] 张謇等：《南通官绅复周应时等函》，《张謇全集》（2），上海辞书出版社，2012，第584页。

国情怀、诚信品格、创新意识，以及"竞会五洲文明"的国际视野外，更要深刻认知其创办慈善及公益事业的社会责任。这种社会责任，对于今天的企业家而言，具有一定的借鉴意义。以往的张謇研究，侧重于张謇在实业、教育等方面的实践，慈善方面虽有涉及，但未能形成系统性研究，也未曾探究企业家张謇的慈善实践对现代社会建设的借鉴意义。鉴于此，本书将张謇在慈善方面的贡献进行全方位的梳理和解读，以期达到预期的研究目的。

二、学术史回顾

中国慈善事业的发展从古至今已有千年历史，但直到晚清才开启近代转型过程。随着社会史研究的深入与拓展，中国慈善史研究自改革开放以后得以重新起步，至今已走过40多年历程。慈善史研究专家周秋光认为，中国慈善史作为史学研究的分支，是近代以来学科体系确立和细化的产物。改革开放后，中国慈善史研究顺时应势成长为社会史研究的重要分支并渐成学术体系。现有中国慈善史研究成效显著：文献整理取得突破；研究范围开阔多样；史学诠释创新发展；人才队伍壮大并交流频繁，港澳台及海外华人学界研究论著迭出；国外学界研究成果喜人。[①] 可见，中国慈善史研究由隐而显、由微而著，在慈善人物、慈善组织、慈善活动、慈善思想、区域慈善史等方面的研究成果颇丰，顺时应势成长为中国史学科一个新的学术增长点。

2019年10月，"回顾与前瞻：中国慈善史研究的理论与实践国际学术研讨会"在湖南长沙召开，会议成立了以湖南师范大学历史系教授、慈善史研究专家周秋光为会长的中国社会史学会慈善史专业委员会理事会。周秋光长期从事慈善史研究，主编有《中国近代慈善事业研究》，该书以近代所发生、发展的慈善事业为

---

① 周秋光、陈国连：《中国慈善史研究的学术检视与思考》，《安徽史学》，2022(2)，第5页。

研究对象，着重考察慈善事业在近代社会的演变与发展及其所产生的作用与影响，分绪论、慈善思想、慈善人物、慈善组织、慈善法制、宗教慈善、区域慈善七篇展开专题研究，①既有通论，又有专论，内容丰富全面，基本构建了近代慈善史的研究框架。

张謇是推动近代慈善事业发展的重要人物，在周秋光《中国近代慈善事业研究》一书"慈善人物篇"中有专门章节详细阐述了张謇慈善思想的渊源、慈善事业及其影响等，史料翔实，论证充分，内容具体，是了解张謇慈善思想及其实践的重要文献。除周秋光等著的中国近代慈善事业的专著外，在一些晚清及民国慈善史研究专著及论文中，将张謇的慈善思想及其事业，置于中国近代慈善的历史背景下进行考察，可窥一斑。

在张謇慈善思想及实践的专题性研究方面，国内学术界已较为深入。借助《张謇全集》等基础性文献资料，学界对张謇慈善方面的研究仍较多集中于张謇中晚年在推进地方事业过程中慈善方面的努力实践，主要体现在以下几个方面。

1. 张謇慈善思想及实践

较早对张謇慈善事业进行研究的有肖正德、郦懿清的《张謇与南通的慈善事业》，载于《南通社会科学》1989年第4期。徐晓旭的《张謇慈善思想及实践研究综述》综合分析了本世纪初数十篇张謇慈善思想及实践方面的文章，综述了"慈善事业在张謇全部事业中的地位""张謇慈善事业的实践成果""张謇兴办慈善事业的思想基础""张謇慈善思想的特点""张謇慈善事业的特点""张謇慈善事业的社会影响"等方面的研究成果，并指出在张謇慈善研究方面，"不能

---

① 周秋光主编：《中国近代慈善事业研究》，天津古籍出版社，2013，上册第3页。

单纯地就慈善而论慈善,而是将慈善置于整个改良社会的系统工程之中"。①

将张謇慈善事业置于社会保障体系下进行考量的研究文章有赵明远的《张謇构建的近代南通社会保障体系》②,该文指出,张謇社会保障思想继承了中国传统社会伦理和儒家政治理想,加入了以促进社会改良和社会发展为目的的近代内容,以"仁爱"情怀和"牛马"精神身体力行,并借助企业和社会力量,构建了近代南通社会保障体系,使之与实业、教育等各项事业共同发展,成为南通走向近代化的重要标志。周秋光、李华文在《达则兼济天下:试论张謇慈善公益事业》③一文中认为,慈善公益事业是张謇一生中重笔描摹的部分,张謇以实业为后盾,以南通为基地,身体力行,将传统慈善救济之举拓展为近代慈善公益事业,并将慈善与实业、教育连为一体,视为地方自治的核心。朱英认为,张謇将慈善公益事业与地方自治紧密相连,将图书馆、博物苑、医院、公园等都纳入社会公益事业中,是在晚清经元善新慈善观基础上,对中国近代慈善公益思想的一大发展。④羌建认为,在张謇看来,实业只能富国,慈善公益事业才是强国的根本,从"家国情怀"的视角考察张謇的慈善实践,并提出对当今实践中国梦的社会价值。⑤

蒋国宏对张謇慈善思想做了更为深入的研究。他认为,张謇之所以会对慈善公益事业高度重视,并投入大量精力和财力,其思想根源主要是儒家的仁爱思想、商人的正名愿望、绅士的社会责任感和民族自强意识,而佛教只是张謇用以迎合

---

① 徐晓旭:《张謇慈善思想及实践研究综述》,该文收录于王敦琴《张謇研究百年回眸》,南京大学出版社,2007,第195页。
② 赵明远:《张謇构建的近代南通社会保障体系》,《南通大学学报(社会科学版)》,2005.9,第134～138页。
③ 周秋光、李华文:《达则兼济天下:试论张謇慈善公益事业》,《史学月刊》,2016(11),第79～88页。
④ 朱英:《论张謇的慈善公益思想与活动》,《江汉论坛》,2000(11),第59～63页。
⑤ 羌建:《张謇慈善公益事业的家国情怀》,《南通大学学报(社会科学版)》,2015.3,第147～154页。

大众心理,动员社会力量支持慈善公益事业的工具,不是他投身慈善事业的原因。①

此外,在张謇慈善思想及实践方面的相关研究论述还有:柏竣《试论张謇的慈善思想和实践》②;高鹏程、李震《张謇与清末民初南通的慈善事业》③、高鹏程、蒋国宏《浅析张謇兴办南通慈善事业的动机》④;赵有梅《张謇慈善思想探析》⑤;张彦《试论儒学对张謇的影响》⑥;张靖宇《张謇:"近代南通之父"慈善活动影响和意义研究》⑦;刘泓泉《张謇的慈善事业及其当代价值》⑧;沈南《张謇演讲词中的慈善公益思想》⑨。

2. 比较研究方面

曾桂林《殊途同归 善与人同:张謇与熊希龄慈善事业之比较》⑩一文认为,张謇和熊希龄是中国近代慈善事业发展史上两位有着重大贡献的著名慈善家。文中通过比较二人慈善思想与活动,归纳出二人"都主张以工代赈,重视积极救济的慈善救助方式;都重视慈善教育,开办慈幼机构;都取得相当实效,赢得社会上的广泛赞誉"等相同点,也比较了二人在慈善动机、慈善活动范围及影响、慈善资金来源、慈善与宗教关系等方面的差异。史料详细,论证充分,是张謇慈善

---

① 蒋国宏:《张謇慈善思想探源》,《贵州师范大学学报(社会科学版)》,2005(4),第59~63页。
② 柏竣:《试论张謇的慈善思想和实践》,《广西社会科学》,2003(12)。
③ 高鹏程、李震:《张謇与清末民初南通的慈善事业》,《南通工学院学报》,2004(2)。
④ 高鹏程、蒋国宏:《浅析张謇兴办南通慈善事业的动机》,《南通职业大学学报》,2005(3)。
⑤ 赵有梅:《张謇慈善思想探析》,《南京林业大学学报》,2005(3)。
⑥ 张彦:《试论儒学对张謇的影响》,《中华文化论坛》,2003(3)。
⑦ 张靖宇:《张謇:"近代南通之父"慈善活动影响和意义研究》,《赤峰学院学报(汉文哲学社会科学版)》,2020(1)。
⑧ 刘泓泉:《张謇的慈善事业及其当代价值》,《南通大学学报(社会科学版)》,2016.9。
⑨ 沈南:《张謇演讲词中的慈善公益思想》,《江苏工程职业技术学院学报(综合版)》,2017.6。
⑩ 曾桂林:《殊途同归 善与人同:张謇与熊希龄慈善事业之比较》,《科学·经济·社会》,2011(3),第58~63页。

比较研究方面的重要参考文献。

在张謇与熊希龄慈善思想与事业比较研究方面还有：赵明远的《张謇和熊希龄的慈善思想》[①]；苏州大学马金华的硕士论文《张謇、熊希龄慈善思想与慈善实践之比较研究》（2010），等等。

3. 后张謇时代慈善事业研究

高鹏程从民国南通档案着手，分析了"后张謇时代"南通的社会救助事业，延伸了张謇慈善事业研究的历史跨度。[②]

以上所举，仍有不全面之处，但足以看出张謇慈善研究方面的已有成果，从张謇慈善思想的探源分析，到张謇慈善事业遗产的当代价值探索，从晚清民国的张謇慈善事业，到后张謇时代慈善事业的发展，等等，无不呈现出一路高歌猛进且硕果累累的研究态势。

三、研究视角

慈善，是观照"爱国企业家的典范"张謇的重要视角。本书的研究架构，主要从"张謇慈善思想渊源及发展""张謇早年的慈善实践""张謇在南通所办慈善事业""张謇鬻字与慈善""后张謇时代的南通张氏慈善事业""张謇慈善思想和实践的社会影响与当代启迪"六个方面对张謇慈善思想及实践进行系统分析和研究阐释，既注重历史的纵向性，又体现同一时期张謇慈善事业的横向比较性，经纬交叉，是对张謇慈善方面研究的一次总结和深化。

[①] 赵明远：《张謇和熊希龄的慈善思想》，《南通纺织职业技术学院学报》，2013，13（1）：30～34。
[②] 高鹏程：《"后张謇时代"的南通社会救助事业——从民国南通档案考察》，《安徽师范大学学报（人文社会科学版）》，2013.7，第494～502页。

在研究视角上，我们从张謇传统慈善思想、现代先进理念、广泛慈善活动、深广社会影响等方面，来解读张謇作为慈善家的思想境界和行为特征。

第一，传统思想：传统慈善思想的浸润，是张謇这位封建士子一系列现代慈善活动的鲜明底色。

中华优秀传统文化源远流长、博大精深，是中华文明的智慧结晶，其中蕴含的天下为公、民为邦本、为政以德、革故鼎新、任人唯贤、天人合一、自强不息、厚德载物、讲信修睦、亲仁善邻等，是中国人民在长期生产生活中积累的宇宙观、天下观、社会观、道德观的重要体现，也体现在具体的帮困济民实践活动中。张謇作为一名优秀学子、出众士子，从小在私塾读书，饱读四书五经，从15岁参加科举考试始，历经场屋20多年蹉跎岁月，殿试终成一甲第一名，荣登榜首，成为学业最高之状元。长年精心苦读，加之父母亲的严管重教，使其深谙儒、道、释三家思想，具备了深厚的治学功底，民为邦本、亲仁善邻等思想扎根心田，并最终形成了经国济民、誓为天下百姓治国安邦的远大抱负。

早在1884年，黄河决堤，听闻灾民遍野，他就相继捐出棉衣千余件，后又几次参加各种义赈活动，以实实在在义举表达他的慈善之心。赈灾以宏慈善，张謇一以贯之。1920年，为解我国北方五省所遭遇之旱灾，他便筹备了赈款一百万元以资之。

第二，祈通中西：勇于学习、吸收先进慈善理念，升华中华优秀传统文化，是张謇思想由旧趋新的重要表现和实践特色。

在那个新旧交替的年代，张謇思想由旧趋新，实现了一种十分艰难的嬗变。因为有扎实的传统文化功底，又具有经常学习、刻苦钻研的习惯，加上其时新思想扑面而来，其社会活动、日常交友又十分广泛，遍及国内精英、领先分子和如杜威等国外人士，又在癸卯年东游日本两个多月，这些都使其传统思想，包括传统慈善思想发生融合基础上的一种提升。在实业之后办教育，教育之后办实业，

通海垦牧公司

一系列实践活动渐次展开,如具有先锋意义的大生纱厂于1899年5月办成,"实业为母"助其积累了原始资本;而后,通海垦牧公司于1901年宣告成立,工厂原料基地、工农业联合显现端倪;接着,通州师范学校于1903年开学迎接新生,"实业为母"与"教育为父"开始齐头并进;同年,张謇与其兄张詧即着手筹办新育

婴堂,并于1906年办成,张詧与张謇分别担任正、副院长。举办实业同时举办教育,为张謇以后长时间里组织开展慈善和慈善教育活动提供了巨大舞台、充足的条件,也更多施展了他的人生抱负和地方自治理念。

西人对慈善较为重视,"慈善与国家社会之说之通于政,近世欧美人之言

通州师范学校全景（1907）

也"①。张謇主动学习、效仿之，使自己拥有了中西融合的现代慈善思想，表现在：村落主义引领下慈善自成体系，慈善与教育两相结合，包含水利以惠民在内的大慈善观，等等。1903年，张謇东渡日本，进行实地考察，在参观盲哑院后感慨道"彼无用之民，犹养且教之使有用乎"。1912年，张謇受西人所参办的上海安老院启发，

---

① 张謇：《南通养老院记》，《张謇全集》（6），上海辞书出版社，2012，第374页。

在南通创办第一养老院。据西方人口统计数，张謇估计其时中国至少有 80 万盲哑人。"盲哑累累，教育无人"①。

由先进慈善思想导入，张謇认为，慈善除旧有诸事外，凡特设之事有六：新育婴堂、养老院、医院、贫民工场、残废院、盲哑学校。张謇开展慈善教育应该

---

① 张謇：《筹设盲哑师范传习所之意旨》《张謇全集》（4），上海辞书出版社，2012，第 250 页。

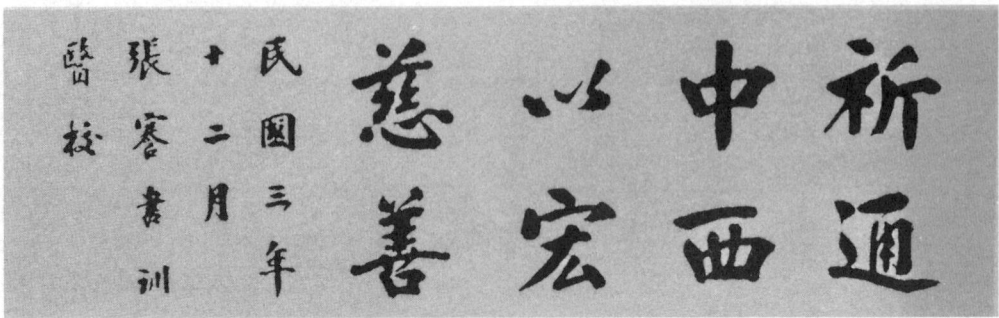

张謇题写的南通医学专门学校校训

说是比较早的,也是成功的。据说,盲哑师范是国内其时最早的,把慈善延伸到了教育,使两者紧密结合起来。当时中国社会缺医少药,改善医学、医疗条件应当也属于广义的慈善事业,张謇给私立南通医学专门学校题词"祈通中西,以宏慈善",可谓理念先进、贯通中外,表达了张謇举办医校、医院,推进慈善事业中外融通、中西结合的思想。

或许单纯从慈善方面来看张謇,他的业绩在当时并非最为突出,但他将慈善事业进一步拓展开来,使慈善、教育、医学、水利等几个方面结合在一起,则是先进的理念、成功的实践,在国内是处在前列的。

第三,当如牛马:起而行之,率先开展艰辛探索,张謇一手推动形成了南通地方的社会慈善体系。

张謇是务实的,也是急进的,所谓急进务广,他希望尽快办成诸多利民济民实事。他推行棉铁主义、村落主义,一心要办成一个"模范县",给全国所有县邑以示范和榜样,慈善是他非常注重和乐意、善于推动的一项事业。一方面改造传统慈善机构,另一方面建设近代慈善机构,并把它纳入整体建设和社会治理,而不像过去是单人单事、一人一事的慈善活动。他曾经这样总结道:"窃謇抱村落主义,经营地方自治,如实业、教育、水利、交通、慈善、公益诸端,始发生于謇兄弟一二人，后由各朋好友之赞助，次第兴办，粗具规模。"

据编辑于1914年、出版于1915年的《南通地方自治十九年之成绩》一书，除甲编实业、乙编教育外，还公布了"丙编慈善"内容，计有：县治积谷仓、新育婴堂、县治保婴局、养老院、县治恤嫠局、县治恤嫠局附属儒寡会、南通县医院历史、同仁堂施材施药施粥救火附、南通贫民工场、济良所、义茔、金沙市游民工厂。南通的慈善事业此后又有了壮大和发展，如1922年张謇用七十岁寿礼建起第三养老院。他所言"慈善如育婴、如养老、如贫民工场、游民习艺、如残废、如济民、如栖流"等一一办成、一一办妥。现代社会的慈善体系及其网络架构基本形成。

1922年张謇利用七十寿辰时的贺礼创建南通第三养老院。图为南通第三养老院庭院

他投入慈善的资金，是企业盈余和以他个人为主的募集，多方筹措，当个人力量不及时就发挥传统知识分子的能力：为了实业，他鬻过字，但更多、频次更高的是直接为了慈善，可谓举一人之力、一家族之力。70岁高龄时，他仍然继续筹款以维持慈善公益事业而"鬻字一月"，并诚恳表示任何人能助慈善并公益事业者，皆可以金钱使用吾之精力，不论所得多寡。张謇在1925年就总结道："今结至于本月计二十余年，除謇自用于地方，及他处教育慈善公益可记者，一百五十余万外，合叔兄所用已二百余万；謇单独募集负债，又八九十万，另有表可按。"赊账办慈善，正可看出这位状元企业家的宏大志向。其用心良苦，为了慈善竟不惜举债、赊账。

办慈善，不只是把人安顿下来，让其有一个生活的着落，保证其基本的吃住，关键的，还要对其进行教育，使其具有职业技术和劳动能力。他创办的盲哑学校就是一个例证。1912年，他筹设盲哑师范传习所时说："惟盲哑之儿童，贫到乞食，富到逸居，除英、美、德教士于中国所设之二三盲哑学校外，求之中国，绝无其所。"张謇对来到济良所的妇女，也是组织开展职业教育，授国文、伦理、算学、缝纫、手工、洗濯、烹饪之课，以便今后彻底脱去操皮肉生意之念，而具有自食其力的能力。

创办慈善事业，即为贫困民众尤其是有特别困难的那部分特殊人群，使其能够在这个社会得到基本的衣食住行和生活保障，此外，也能促使整个社会风气为之一振。有人曾经在回忆录中写道，其时中国社会饿殍遍地，要做到没有流浪在街的乞丐实在是极不容易的，而张謇在南通做到了。

晚清水灾频发，导致灾民激增，慈善压力陡增。张謇在其诸多事业中尤为热衷治水，这更是从大慈善角度来着眼、着手的。为此，他专门提出了"导淮治灾"的方略。因为，如果水患变成水利，那水灾后的大量慈善工作便被水利后的民富国强代替了。理念之先进，规划之系统，谋事之超前，实为其时少见。

四、研究价值

张謇以非凡的志向与人生，创造了非凡的成就与声名。他在南通探索实业救国、教育兴国道路，推行棉铁主义、村落主义，推进传统意义上的工业化、城镇化，继而开展地方自治，其中慈善是他投入社会的一个重要领域，展现了他作为近代慈善家的情怀、精神追求和作为。

公益和慈善并非同一个概念。公益范围较大，而慈善概念要小。张謇创办小学、中学，办专科学校、职业学校，办博物苑、图书馆、公园，等等，应当都属于公益范畴。慈善有些专属的内容，就是在《南通地方自治十九年之成绩》一书中《丙编 慈善》的涵括，当时医院也在内，并列甲编实业、乙编教育之后。

作为饱读四书五经的儒学之士，张謇从大量儒学经典中学习领会并拥有了深厚的传统慈善观念，可以说既是朴素的，又是深刻的。正如梁启超所言，"吾不欲论旧世界之英雄，亦未敢语新世界之英雄，而惟望有崛起于新旧两界线之中心的过渡时代之英雄。"[1] 拥旧趋新的张謇就是这样一位"过渡时代之英雄"，从状元身份一跃而成近代企业家，这就让他同时拥有了企业家的视野特别是雄厚的经济实力。张謇关于慈善的设想与举措，既是出自企业家的一份社会责任，更重要的是作为科举制度"宠儿"的士子所具有的国家意识、民族意识、民众意识，张謇办所有企事业无不基于此。在治理整个国家无望的时候，他没有放弃追求，而是"士负国家之责必自其乡里始"，投身地方实践、地方建设、地方自治，试图走出一条新路来模范一方、示范全国。张謇的公益慈善事业，从传统的救济观出发，自觉不自觉地受到近代西方慈善理念的影响，逐步发展成为较为完备的近代社会保障体系。归根结底，这是张謇为救国强国富国、为民济民富民的宏谋良愿。在他看来，"天地之大德曰生"，大生得名如此，其所推动的慈善事业不也是这

---

[1] 梁启超：《过渡时代论》，《清议报》1901。

样的"大德"吗?

研究张謇慈善理论与实践的系统性成果不多,用一本书来进行系统研究和阐述的更少之又少。如果把张謇在南通的公益慈善放到公共空间建设来理解,可以看到张謇的率先实践意义更大。余秋雨先生在南通演讲时指出,张謇研究新的坐标是放到中华文化岌岌可危那个可怕的背景下,放到公共空间对中华文化的重大补充和矫正之上。"说实话,我在研究城市美学过程中,南通一直是我的一个范本。"余秋雨认为张謇先生用现代城市观念建设了一个新南通,创造了南通发展的"黄金时代",这个黄金时代的特点是"百脉俱开、路路皆通"。这与张謇的公益慈善事业所构建的现代文明有着密切关系。

历史是终结的过去,史学是永无止境的远航。研究张謇成就卓著的章开沅先生从事历史研究终得此著名判断,新时代中国式话语体系下重新审视、解读张謇的公益慈善事业,在当下推进中国式现代化伟大历史进程中传承、弘扬张謇企业家精神,是一次有意义的远航。

五、时代意义

张謇结合传统思想形成的现代慈善理念和创造的地方业绩,对新时代具有先贤启迪和示范意义。

2020年7月21日,习近平总书记在企业家座谈会上指出:"爱国是近代以来我国优秀企业家的光荣传统。从清末民初的张謇,到抗战时期的卢作孚、陈嘉庚,再到新中国成立后的荣毅仁、王光英,等等,都是爱国企业家的典范。"为什么把张謇列为爱国企业家,而且列在点出名字的五位爱国企业家典范之首,历史地位如此之高?虽未有证据说卢作孚到过南通,然而,必定通过双方共同的好友黄炎培深入了解过张謇,并表示要向他学习。陈嘉庚则专程到访过南通,与张謇进行过深入交流。据史料记载,荣毅仁的父辈荣德生兄弟与张謇乃挚交,经常交流从商经验和体会，也萌生了办学计划并具体实施。实际上，他们与张謇的交往，是一种以社会责任为价值旨归的双向奔赴，愿意到南通这块"试验田"上来看一看、听一听，交流、学习一下。而王光英地处北国，与南方相距甚远，然而，在改革开放初期与张氏后裔共同推动中外经济合作事宜，促进中国改革开放。张謇在五人中出生最早，办实业也最早，是中国现代化的先驱，具有探索性意义和标杆性作用。

2020年11月12日，习近平总书记视察南通，专门来到南通博物苑，了解张謇兴办实业、教育和社会公益事业的情况。讲到张謇的先贤价值和楷模意义以及企业家的社会责任，习近平总书记鲜明地指出："民营企业家富起来以后，要见贤思齐，增强家国情怀、担当社会责任，发挥先富帮后富的作用，积极参与和兴办社会公益事业。要勇于创新、奋力拼搏、力争一流，为构建新发展格局、推动高质量发展作出更大贡献。"社会责任是企业家的永恒追求，张謇是见贤思齐的当代标杆。作为一个具有丰富、深厚慈善济民思想的民族，在现代化历史进程中，汲取先进慈善思想，推动开展广泛意义上的慈善活动，张謇对新时代来说具有先贤和楷模意义。

一是张謇的爱国情怀。张謇在南通举办一切企业，为的当然是赚钱，更是为兴办教育、慈善提供强大物质基础和经济来源。有情怀、有抱负的张謇，一心要以自己的实践推动，使国家和民族强大起来，而不使外国侵略者欺侮，不使民众挣扎在贫困、贫弱之中。公益慈善作为张謇给社会"托底"的一种安排，充满了人文情怀，更充满了爱国情怀，是强烈的爱国主义生动、具体的表现。所以，习近平总书记在视察南通博物苑时要求，把这里建成爱国主义基地，让更多人特别是青少年接受爱国主义教育。南通博物苑已成为全国爱国主义教育基地，近两年来此参观学习的人络绎不绝。

二是张謇的社会责任。张謇举办实业、教育、慈善三大领域的经济社会机构，皆可以说是他强烈社会责任感的一种体现。作为一传统士子，学至状元，完全可以走"状元宰相"路子，而他从士子、学业一跃而入实业，继而创办教育、慈善机构，是他强烈社会责任感的直接体现。他在随幕主去淮安处理诉讼时看到灾民的艰难困苦，在上海看到黄包车夫是缺地少收的崇明、海门人时，他为同乡悲哀，继而又为家乡拓田增收奔波、忙碌在南黄海滩涂上。举办一系列慈善活动，更是张謇倾其所能、倾囊而出，支持社会弱势群体的崇高义举、巨大贡献。

三是张謇的实干精神。张謇说，士负国家之责必自其乡里始。张謇是这样说的，也是这样做的。举办社会慈善事业充满挑战，也会遭遇诸多曲折甚至委屈，如周围人特别是合伙人（精英团队）能不能理解，土地、资金等从哪里来，办成了如何能长久维系，等等。崇尚务实、实干、我干的张謇在操持慈善事务时用尽心思，花费了大量精力、体力、财力，可谓呕心沥血。实干成就心愿，其时街巷连乞丐也已经没有一个，可见成绩之大。

社会以慈来滋润，必能张扬正气，社会以善来待民众，必能团结一心。习近平总书记在党的二十大报告指出："引导、支持有意愿有能力的企业、社会组织和个人积极参与公益慈善事业。"张謇开创的事业及其支撑事业的思想是多方面的，慈善是重要之一方面。新时代的张謇研究，正在进一步拓展和深入中，慈善无疑是其中重要一个领域。张謇做到不忘本来、吸收外来，推动南通慈善走向了未来，为新时代南通慈善事业奠定了深厚的历史文化基础，也在一定意义上示范全国。研究张謇，研究张謇在慈善上的言行，能够帮助我们更加全面、深刻地了解、解读张謇，更加具体、深入地学习、效仿张謇，更加自觉地传承和进一步发扬张謇在爱国、社会责任、实干等方面的人文精神和思想品格，弘扬中华优秀传统文化精华，推动中华民族伟大复兴的历史进程。

第一章 张謇慈善思想渊源及发展

张謇的慈善思想是在近代特定的社会条件下形成的，其源于传统的社会伦理和政治理想，并融入近代以促进社会改良和社会发展为目的内容。张謇借助企业和社会力量，并以"仁爱"情怀和"牛马"精神践行其慈善主张。慈善事业与实业、教育等各项事业同步发展，共同构成南通"地方自治"的社会建设体系，成为南通早期现代化的重要标志。

一、源泉和动力

在张謇生活的时代，中国社会处于长期的危机和动荡中，主权逐步丧失、利源遭掠夺、民生日益窘迫。出身社会下层"冷籍"的张謇，自幼随父兄从事生产劳动，对民间疾苦有着切身体会，同时因长期的传统教育，儒家匡世济民思想在其心中也根深蒂固。生民之德、仁爱之情、兴亡之责，便是张謇慈善思想的源泉和动力。

1894年他大魁天下之时，清王朝在甲午战争中失败，随之而来《马关条约》的签订，使中国陷入了更深的民族危机。张謇不仅深深忧患于国家危亡，也忧患于家乡困苦："通产之棉，力韧丝长，冠绝亚洲，为日厂之所必需，花往纱来，日盛一日，捐我之产以资人，人即用资于我之货以售我，无异沥血肥虎而袒肉以继之。利之不保，我民日贫，国于何赖。"[①]民生是社会生活的基础，在当时外强入侵、军阀混战、民不聊生状况下，保障人民最基本的生产、生活权利显得更为重要。传统的"民本"思想始终是张謇一生事业的基本动因。

张謇思想行为首先着眼于保障民生，出于"为通州民生计，亦即为中国利源计"目的，张謇创办了大生纱厂，厂名"大生"即取《易经》"天地之大德曰生"意。张謇以后兴办的企业仍多以"生"命名，如资生铁冶厂、广生油厂、泽生水

---

① 张謇：《厂约》，《张謇全集》（5），上海辞书出版社，2012，第6页。

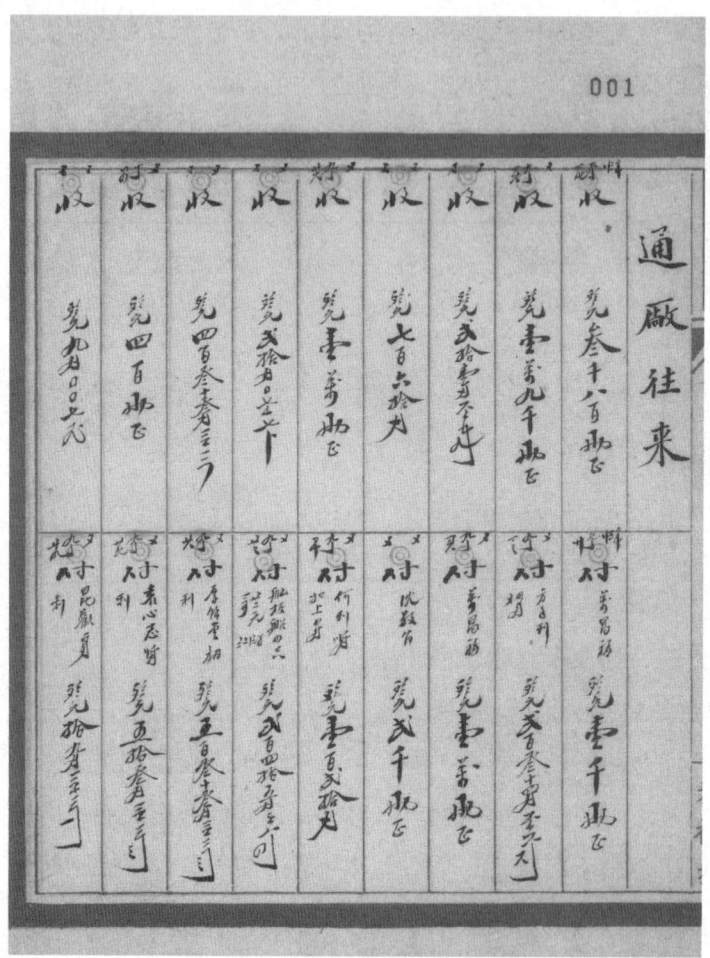

1897年大生纱厂在上海经营活动收支账（部分），原件藏南通市档案馆

颐生酒厂

利公司、阜生蚕桑染织公司、颐生酒厂、懋生房产公司等无不体现"民生"重要。张謇曾对好友刘厚生说:"儒家有一句扼要而不可动摇的名言:天地之大德曰生。这句话的解释,就是说一切政治及学问,最低的期望要使大多数的老百姓,都能得到最低水平线上的生活……换句话说,没有饭吃的人,要他有饭吃;生活困苦的,使他能够逐渐提高。这就是号称儒者应尽的本分。"① 这一段朴素的表白,其实阐述的是张謇一生全部事业的出发点和最终归宿,就是保障人民最基本的生存、生活权利。

传统"民本"思想的道德根基是儒家的"仁"学。"仁"是以人的内在良善情感为根基,以亲亲之情为出发点,进而推己及人,扩充为社会伦理和道德情感。"老吾老以及人之老,幼吾幼以及人之幼""不独亲其亲,不独子其子"……这些中国社会普遍推崇的道德风尚,是"仁"的具体表现。"仁"既是一切德性的根源和发端,又是德性的最高境界。张謇认为"仁"与"人""道"是同一的,是人之所以为人的基本特性,"人之心,仁是也。原一己之仁,而施及人人,是之谓人之仁。"② "乌乎!视天下之饥犹己饥,视天下之溺犹己溺,为得位之圣人言之也。己欲立而立人,己欲达而达人,为凡人之欲为仁者言之也。"③ 因此,从事社会慈善救助活动、举办社会公益事业是人人所应进行的基本道德行为。中国传统伦理的核心——"仁"学是张謇从事社会保障事业的道德本源和内在动力。

张謇屡次反复引用"仁"的学说来说明他从事济贫救困事业是人之本性,并以启发他人慈善行为:"孟子曰:'恻隐之心,仁之端也。'又曰:'无恻隐之心,非人也。'此儒者之训也。诸君其有动于中乎?一钱匪少,一万匪多,各尽其力,

---

① 刘厚生:《张謇传记》,上海书店影印出版 1985 年,第 251-252 页。
② 张謇:《施翁八十寿序》,《张謇全集》(6),上海辞书出版社,2012,第 524-525 页。
③ 张謇:《救济太嘉昆宝常五县难民募捐启》,《张謇全集》(5),上海辞书出版社,2012,第 257 页。

以行其仁，以自完其为人而已。"①张謇曾这样教育其子张孝若："慈善虽与实业、教育有别，然人道之存在此，人格之成在此，亦不可不加意，儿需记之。"②为了谋求更多社会成员对慈善事业的支持，张謇进一步运用传统伦理中各种学派的人道理论来鼓动宣传："若因果报应，道家之求长生者，须积善之功：赒人之急，济人之穷。释家云，布施为第一波罗蜜。其言孔多，无事灌灌"③。"墨家者流，以养三老五更为兼爱"④。墨家的"兼爱"、道家的"积善"、佛教的"布施"之说，传统文化中的种种道德理论均成为张謇进行社会救助与慈善活动的理论依据。

张謇自幼饱受传统文化和儒家经世哲学浸润熏陶，明末清初民族存亡、王朝更替时代的顾炎武、黄宗羲等先哲思想更是张謇孜孜汲取的源泉，"比常读《日知录》《明夷待访录》，矢愿益坚，植气弥峻"⑤"亭林匹夫兴亡有责之言，黎洲原臣视民水火之义，故常闻之而识之矣。凡夫可以鼓新气、袚旧俗、保种类、明圣言之时，无不坚牢矢愿奋然为之，以为是天下之大命，吾人之职业也。"⑥张謇深怀民族大义，抱定济世决心，以儒者溥泽天下、救民水火为己任，义无反顾投身到救国富民道路上。

作为状元名流的张謇曾以极大热情介入政坛，并屡屡走上政治前台，从参谋东南互保、领导立宪运动到调停南北议和、出任农商总长等，在关于淮河治理、盐政改革、东北开发、铁路规划、运河整治等方面均提出过计划和主张。然而他的救国主张却不被当局者采纳，政治活动也经历了一次次失败。"吾欲用世之心，犹之孔子也；皇皇而不获效，亦犹孔子也"⑦。虽然历经政坛失落，但张謇仍以积

---

① 张謇：《救济太嘉昆宝常五县难民募捐启》，《张謇全集》（5），上海辞书出版社，2012，第257页。
② 张孝若：《南通张季直先生传记》，中华书局，1930，第505–506页。
③ 同上。
④ 张謇：《南通养老院记》，《张謇全集》（6），上海辞书出版社，2012，第372页。
⑤ 张謇：《致沈曾植函》，《张謇全集》（2），上海辞书出版社，2012，第83页。
⑥ 张謇：《致丁立钧书》，《张謇全集》（2），上海辞书出版社，2012，第85页。
⑦ 张謇：《致徐隽函》，《张謇全集》（3），上海辞书出版社，2012，第971页。

极进取的精神实现他的强国理想。他说:"余素不愿仕,而中国政界亦无有为我发展之地者,惟志在求一县之自治,使外人见之,亦知中国尚有人在!"①

"士负国家之责必自其乡里始。"②张謇把儒家政治理想和绅士乡土责任结合起来,以家乡南通为基地去实践他的宏谋良愿。

二、理想和规划

回归"王政"、借鉴列强,是张謇进行慈善实践的理想和规划。

儒家传统的社会伦理和政治理想是张謇社会思想的源泉,他心中的理想世界是儒家经典中描绘的"大同"世界、"三代"盛世。他曾作《尧舜论》,钦羡远古圣王时代升平之世:"《尧典》之亲九族,平白型,协万邦,雍黎民,定历授时,厘工熙绩,咨岳登庸,不私其子。《舜典》之察天齐政,同度量衡,命农工虞,明刑罚,敷教化,作礼乐,重纳言,慎考绩,六府三事,粲然备举。"③儒家追求的就是这种"王政"——远古社会政治理想状态。其中完善的社会保障是人们追求和憧憬的理想社会的主要内容,如《周礼》中就已记录了远古理想国度中"养万民"的六种保障政策,"一曰慈功,二曰养老,三曰振穷,四曰恤贫,五曰宽疾,六曰安富。"儒家经典将这种政治理想与国家保障制度概括为"王政",并成为一种重要政治评判标准。

"王政"是张謇的政治理想。张謇把这样的社会图景作为近代南通的发展蓝图,希望南通向这样的理想社会回归,而他本人则努力效法尧舜式"圣王"的领导风范和治国之道,"循其设施之迹,通其意而践之"。④张謇曾作《记论舜为实

---

① 张謇:《本县农校欢迎暨南学校参观团演说》,《张謇全集》(4),上海辞书出版社,2012,第371页。
② 张謇:《垦牧乡志》,《张謇全集》(6),上海辞书出版社,2012,第581页。
③ 张謇:《尧舜论下》,《张謇全集》(4),上海辞书出版社,2012,第267页。
④ 张謇:《尧舜论下》,《张謇全集》(4),上海辞书出版社,2012,第267页。

业政治家》，表达了自己向往远古贤君发展实业、经营地方，希望领导南通实现"一年而所居成聚，二年成邑，三年成都"的宏伟志向和理想。①儒家的价值取向化为经营乡里的理想目标，引导着张謇的社会建设发展实践。

张謇曾以养老为例来说明"王政"出现的标志："盖人必有老，使天下之人，皆得自养其老，是则养老之大者，王政是也。"②他还多次引用《孟子》中"养生丧死无憾，王道之始也"、《礼记》中"老幼孤独不得所，大乱之道也"等儒家言论来阐述济贫、赈灾、养老、抚幼的社会保障措施是一个国家政治清明、社会稳定的"王政"所不可或缺的。在张謇时代，中华民族处在外强入侵、军阀混战、民不聊生的黑暗时期，在这样一个特殊时期，社会保障有着更重要的现实意义，"王政不得行，于是慈善家言补之，于是国家社会之义补之，凡以济政之穷，与政所不能及，通于政焉而已"③。张謇基于对这个"王政不得行"时代的认识，指出"慈善"应成为"济政之穷"、补充"政所不能及"的重要手段，否则，"失教之民与失养之民"得不到救助，"为国家政治之隐忧者大也"。④因此，张謇的"王政"理想目标是力图构建以慈善为表征的完善的社会保障体系。

十九世纪中叶以降，列强的坚船利炮打破了延绵数千年的传统社会形态和生产方式，在这个"千年未有之大变局"来临之时，中国社会面临的最大问题是救亡图存、革新自强。建立在小农经济基础上以维护礼教、保持安定、保持自给自足为目标的稳定而封闭的基层社会管理模式已不可能继续维持下去了，基层社会管理面临的是变革，而最迫切的任务是建设和发展。西方列强军事和经济侵略同时带来的现代科学文化以及社会管理经验，给张謇这样的有识之士

---

① 张謇：《记论舜为实业政治家》，《张謇全集》（4），上海辞书出版社，2012，第82页。
② 张謇：《南通养老院记》，《张謇全集》（6），上海辞书出版社，2012，第373页。
③ 同上。
④ 张謇：《呈筹备自治基金拟领荒荡地分期缴价缮具单册请批示施行文》，《张謇全集》（1），上海辞书出版社，2012，第431页。

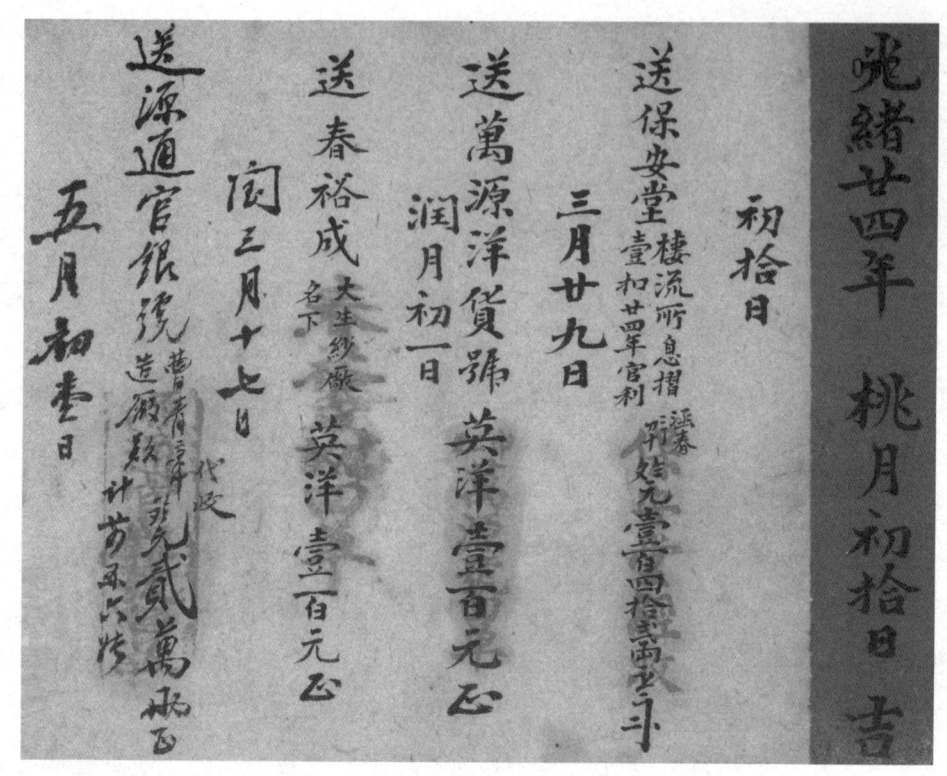

1898年大生纱厂送银回单（部分），原件藏南通市档案馆

提供了参照和学习范本。张謇甚至认为，西方列强之所以富强也是因为他们的体制符合中国远古的"王政"："朝夕环伺之强邻其所以驯致富强者，转有合于我二千年以前之政治"。①

从创办大生纱厂开始，张謇一直在探寻一条适合南通实际的建设和发展路径。他积极吸取外来经验。1903年，张謇对日本进行为期70天的考察，其间参观了

---

① 张謇：《变法平议》，《张謇全集》（4），上海辞书出版社，2012，第62页。

神户、东京、大阪、横滨等20个城市,给他留下深刻印象。他在《东游日记》中写道:日本"自维新变法三十余年,教育、事业、政治、法律、军政一意规仿欧美,朝野上下,孜孜矻矻,心摹力追,其用意最当初在上定方针,下明大义……孟子以晋国为仕国,余为日本真学国也"①;"日人治国若治圃,又若点缀盆供,寸石点苔,皆有布置。老子言'治大国若烹小鲜',日人知烹小鲜之精义矣。"②虽然,张謇在日本的治国经验中寻找到了中国传统文化的"精义",但是他更多看到了汹涌澎湃的世界潮流,日本奋起直追、锐意进取的决心,"与世界争文明,不进则退,更无中立,日人知之矣"。③通过对日本及西方国家发展历程的考察借鉴,张謇逐步形成自己的社会发展理念。

张謇认为:"慈善与国家社会之说之通于政,近世欧美人之言也"④,"惟教养二事,在前清时代应归官办,即在欧美国家亦多属公立。"⑤张謇认为完善的社会保障既是传统"王政"标准,又是近世欧美通例,是完善社会政治制度的标志。因此,张謇也十分注意吸收西方经验。在日本考察期间,张謇曾至京都盲哑院参观,对"彼无用之民,犹养且教之使有用"的做法深有感触⑥。以后他还先后考察过上海徐家汇外国教会所办的育婴堂、安老院,参观过烟台的盲哑学校。1907年他曾以美国人设立斯坦佛大学的事例劝导江苏按察使朱某兴办盲哑学校。1912年,张謇与英国传教士李提摩太的一次谈话更使他对南通社会保障的实施有了具体启发。在谈话中李提摩太"言中国非真能实行普及教育、公共卫生,大兴实业,推广慈善,必不能共和,必不能发达。行此四事,一二十年后,

---

① 张謇:《柳西草堂日记》,《张謇全集》(8),上海辞书出版社,2012,第545页。
② 张謇:《柳西草堂日记》,《张謇全集》(8),上海辞书出版社,2012,第538页。
③ 张謇:《柳西草堂日记》,《张謇全集》(8),上海辞书出版社,2012,第542页。
④ 张謇:《南通养老院记》,《张謇全集》(6),上海辞书出版社,2012,第373页。
⑤ 张謇:《致卢鸿钧函》,《张謇全集》(3),上海辞书出版社,2012,第883页。
⑥ 张謇:《柳西草堂日记》,《张謇全集》(8),上海辞书出版社,2012,第550页。

必跻一等国；能行二三事，亦不至落三等国。"①李提摩太的话使张謇深受触动，次日张謇就写了《感言之设计》一文，对李提摩太提出的四方面事项进行了规划，在已有建设成果基础上，设计了实业投资350万两、卫生教育慈善40万余两的建设思路和具体项目，包括建立养老院、残废院、盲哑学校、贫民工厂等，这些计划在以后数年中逐步实现。

三、方案和成效

张謇慈善事业的方案和成效是实施地方自治、构建近代社会保障体系。

"地方自治"原是西方国家的一种地方政治体制，随着清末立宪运动的开展，"地方自治"思想得以在国内传播。"地方自治"是作为解决内忧外患中的中国基层社会贫困落后、动荡危机的方案提出的，其中国实践已失去了西方民主政治的核心内容，而与绅士经营乡里和建设地方的传统有机结合起来。晚清以降，中央政府的权威日益跌落，为地方官绅经营和建设地方留下了空间，因此"地方自治"成为当时变革中的基层社会管理和建设代名词。张謇也成为"地方自治"实践的代表人物，从1905年起，张謇开始高频度使用"地方自治"一词。

张謇说："目睹世事纷纭，以为乡里士夫，苟欲图尺寸以自效者，当以地方自治为务。地方自治条理甚繁，当以实业、教育为先。"②"然则图存救亡，设教育无由，而非广兴实业，何所取资以为挹注。是尤士大夫所当兢兢者矣。"③张謇把士大夫的乡土责任和"图存救亡"国家使命相结合，认为发展实业教育慈善为主要内容的"地方自治"才是解决社会危机、实现国家富强的基本路径。张謇领导的南通早期近代化运动就是这种"地方自治"的典范，"窃謇抱村落主义，

---

① 张謇：《感言之设计》，《张謇全集》（4），上海辞书出版社，2012，第236页。
② 张謇：《对于东台欢迎答辞》，《张謇全集》（4），上海辞书出版社，2012，第458页。
③ 张謇：《柳西草堂日记》，《张謇全集》（8），上海辞书出版社，2012，第566页。

经营地方自治，如实业、教育、水利、交通、慈善、公益诸端，始发生于謇兄弟一二人，后由各朋好之赞助，次第兴办，粗具规模"①。

张謇把"地方自治"概括为实业、教育、慈善三个方面，他这样阐述三者的关系："窃謇以国家之强，本于自治，自治之本，在实业教育，而弥缝其不及者，惟赖慈善。"②"查地方自治，以进增社会之能率，弥补人民之缺憾为其职志。而进行之事业，属于积极之充实者，最要为教育，属于消极之救济者，最要为慈善。教育发展，则能率于增进，慈善周遍，则缺憾于以弥补。"③张謇明确指出：慈善、公益是进行"地方自治"的重要组成，"慈善"的目的是"进增社会之能率，弥补人民之缺憾"，这是区别于传统的"善举""义行"等施舍、赈济活动的。通过"慈善周遍"，张謇力图在南通构建起基本社会保障体系。

根植于传统的儒家"王政"政治伦理，吸收了现代西方社会保障理论和具体做法，这使张謇区别于一般慈善家，而以政治家的眼光来看待慈善公益事业对社会发展的意义，具有明确的救亡图存、改良社会的近代观念，是其救国理想的重要内容和进行中国近代化开拓实践的重要组成。

南通近代的社会保障体系，主要是在1906～1922年这十多年时间中构建起来的，与南通的社会经济发展同步。社会保障的主体应是国家和政府，并借助全社会的力量，通过国家立法强制，从而成为国家和社会的一种责任和制度。张謇以自己的地位和影响不断呼吁政府重视社会保障，1912年张謇就对南京临时政府的财政预算报告提出意见，希望政府增加"善举费"建造7～10处贫民工厂。④

---

① 张謇：《呈报南通地方自治第二十五年报告会筹备处成立文》，《张謇全集》（1），上海辞书出版社，2012，第523页。
② 张謇：《呈筹备自治基金拟领荒荡地分期缴价缮具单册请批示施行文》，《张謇全集》（1），上海辞书出版社，2012，第430页。
③ 张謇：《致卢鸿钧函》，《张謇全集》（3），上海辞书出版社，2012，第883页。
④ 张謇：《对于行政费支配之末议》，《张謇全集》（1），上海辞书出版社，2012，第249页。

第卅号

沪地防论界场鉴昨奉书并二领
正场定栈预告勘书同来百卅元已入□帐矣
厰中俟月底款齐亦收花帐据粗详甚少尾
时势不敷另派清
宁东抹详原小三时先进五万元整存听家
大批来时即提三万元六好先清
大安　奉厰既历历　首四日
花市如有硬盘当即示知
如祥厘捐有无贻累中缺之急已请先付兑
连五筆无

在创建新育婴堂时，张謇争取的官方拨款占建造费的 1/4，并有常年 6000 元的官款资助；三所贫民工厂是张謇利用其两淮盐政总理的职权拨盐运司 6 万余元建立；1914 年张謇向袁世凯政府申请开发泰县境内荡地 15 万亩作为"南通教育慈善基本产"，很快获得批准。① 但总体而言，在当时中国政府不能承担起社会保障责任，张謇所领导的大生企业集团成为南通社会保障事业投资兴办的主体。大生纱厂、通海垦牧公司、同仁泰盐业公司、广生油厂、资生铁冶厂等企业的历年账略中均有"善举"一项固定支出，有估计这种慈善性支出在这些企业年度支出总额中平均占近 1%。② 仅大生一厂 1900～1922 年的"善举酬应"支出达 354710.6 规元两，另有对育婴堂的资助 13901.6 规元两。③

　　作为"地方自治"的重要组成，南通的社会保障体系学习了西方社会保障的形式和内容，设立了一大批社会救助、优待和抚恤机构，门类齐全，涉及面广，对因年老、失怙、伤残、失业、疾病、死亡等无助人群实施了较大范围的救助举措，无论在规模上或形式上已与南通原有慈善设施不可同日而语。南通的社会保障事业是张謇带动下的南通社会的自觉追求，在相当程度上体现的是一种社会责任，并以促进社会改良和社会发展为目的，这与施舍式的慈善活动有着本质区别。

　　由于南通的慈善公益事业门类较为齐全，特别是最需救助的社会成员的生活得到了保障，南通社会一度出现了国内罕见的安定祥和局面，给中外游人留下深刻印象："美国的流浪汉、欧洲的醉鬼、中国的乞丐，这些街头熟悉的身影和其他令人不快的事情在南通州是没有的。这里的工厂、农垦工程、公路建设项目有效吸引了所有的劳动力，而余下的老弱病残则被张謇帮助设立的慈善机构很好的

---

① 张謇：《柳西草堂日记》，《张謇全集》（8），上海辞书出版社，2012，第 783 页。
② 虞和平：《中国早期现代化的前驱》，中华工商联合出版社，2001，第 742 页。
③ 《大生系统企业史》编写组：《大生系统企业史》，江苏古籍出版社，1990，第 154～158 页。

照顾起来了。"①张謇也曾多次自豪地说:"南通县者,固国家领土一千七百余县之一,而省辖六十余县之一也。以地方自治实业教育慈善公益各种事业发达,部省调查之员,中外考查之士,目为模范县。"②张謇领导初步构建的南通近代社会保障体系,促进了社会良性循环和协调发展,体现了慈善事业在社会发展中的重要意义,并成为南通从一个封闭、落后的封建县城转变为外国友人目中的"中国的人间天堂"的重要标志。③

四、情怀和风范

张謇晚年曾这样概括其投身实业、教育、慈善三方面事业的时间序列:"謇自乙未(1895)以后,经始实业;辛丑(1901)以后,经始教育,丁未(1907)以后,乃措意于慈善。"④其实早在青年时期,在长期的幕僚军旅、科举书院生涯中,张謇就有诸多慈行义举。1884年他离开庆军军幕回乡,途经山东闻逢黄河决口,沿途所见"饥寒载途、惨目伤心",即发动亲友筹集捐助棉衣一千件发往灾区。⑤1886年在家乡海门与父兄邀集乡人办公司兴蚕桑,买回几千棵桑苗赊于乡人种植,并送《蚕桑辑要》。1887年张謇随开封知府孙云锦治河救灾,在此期间提出了"以工代赈"的赈灾主张。1895年,在金榜题名后张謇回乡丁忧,仍不忘慈善活动,他在海门"举债营先君遗言欲举之家庙、义庄、社仓、石路、

---

① Fong F.Sec and K.L.Kwong, *Stories of People Who Achieve Success*, *Chang Chien*. Shanghai, The Commercial Press Limtted, 1930, p65.
② 张謇:《致内务部函》,《张謇全集》(3),上海辞书出版社,2012,第839页。
③ Fong F.Sec and K.L.Kwong, *Stories of People Who Achieve Success*, *Chang Chien*. Shanghai, The Commercial Press Limtted, 1930, p64.
④ 张謇:《呈筹备自治基金拟领荒荡地分期缴价缮具单册请批示施行文》,《张謇全集》(1),上海辞书出版社,2012,第430–431页。
⑤ 张謇:《致尤遽庵函》,《张謇全集》(2),上海辞书出版社,2012,第24页。

坚苦自立 忠实不欺

光绪二十九年四月朔日开校 以是二语勖勉诸生 亦即生平黾勉自励之所在也 揭书于堂 以为校训啬

张謇题写的通师校训

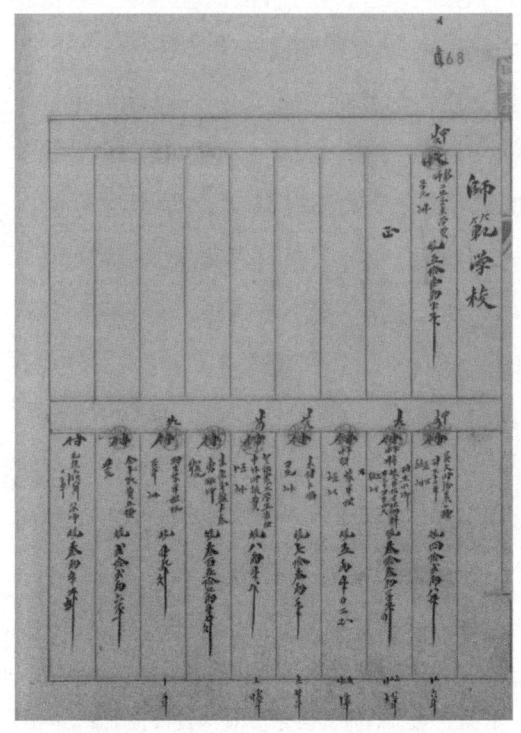

1907年大生纱厂代理通州师范学校上海事务的账册，原件藏南通市档案馆

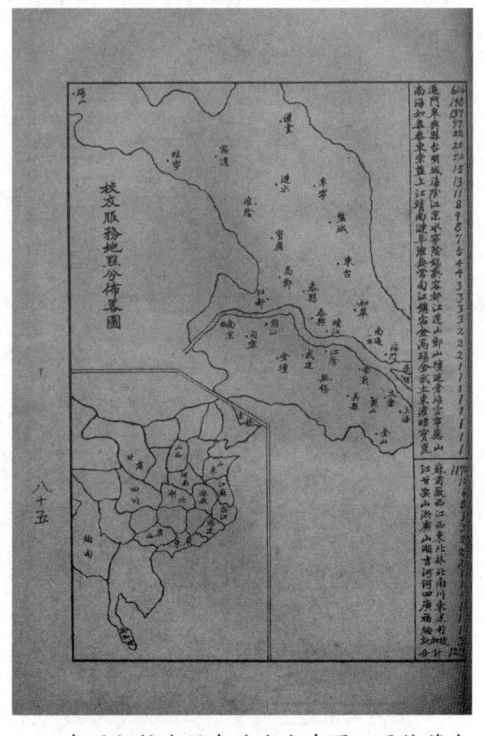

1929年通师校友服务地点分布图，原件藏南通市档案馆

石桥",①次年又出资建儒寡会,优恤士族寡妇。

在南通的"地方自治"全面推行后,社会事业一直面临经费不足的问题。在劝导公众关注并加入慈善活动时,张謇首先身体力行,率先垂范,将个人收入大量投入公益事业中,总体出资情况难有确切统计。张謇在去世前一年谈到他对教育、慈善等事业的资助时说,除纺织专门学校和通州师范外,他和叔兄每年承担费用为:教育事项58440元,慈善事项22560元,公益事项4080元,总计达85080元。二十余年来,"除謇自用于地方及他处教育、慈善、公益可记者一百五十余万外,合叔兄所用已二百余万,謇单独负债又八九十万余元。"②资助金额非常大。1922年,日本人驹井德三考察南通后曾这样评论张謇:"表面以分头于实业、交通、水利之标榜,里面则醉心于教育慈善事业之振兴。"③张謇慈善公益方面付出的努力绝不亚于实业、教育等其他方面。

面对南通慈善事业经费的短缺,张謇以其一技之长——书法来谋取善款,其中体现的高尚情怀感人至深。从1906年开始,张謇以鬻字为育婴堂筹资,当时曾计划每季以卖足五百元为止,一年得两千元可够百名儿童一年之用。1916年后,随着南通残废院、盲哑学校的建成,张謇创办的公益慈善事业不断增加,他又发布了《为残废院盲哑学校鬻字启》《继续鬻字启》,在百忙中不辞辛劳,不顾年事已高,继续卖字以获得更多经费。他说:"旦旦而救人之助,不足济缓急,而仆之力用于教育慈善事者,又以途多而分,无已,惟再鬻字。""诸君虽略损费,然不论何人,皆可牛马役仆,又可助仆致爱于笃癃无告之人,而勉效地方完全之自治,使城南山水胜处,不复有沿途群丐之恼人。"④1922年,

---

① 张謇:《啬翁自订年谱》,《张謇全集》(8),上海辞书出版社,2012,第1010页。
② 张謇:《大生纱厂股东会建议书》,《张謇全集》(4),上海辞书出版社,2012,第572-573页。
③ 政协南通市委员会文史资料研究委员会:《日本驹井德三的张謇关系事业调查报告书》,1963年油印本,第9页。
④ 张謇:《为残废院盲哑学校鬻字启》,《张謇全集》(5),上海辞书出版社,2012,第167-168页。

大生企业集团发生了前所未有的危机，各项慈善公益事业经费筹集更为困难。年逾古稀的张謇为南通的各项地方事业殚精竭虑、苦苦支撑，并再次在报纸登出《为慈善公益鬻字启》。张謇说："我'所负地方慈善公益之责，年费累百万，无可解除，亦无旁贷也。求助于人必无济，无已，惟求诸己'。"① 这次鬻字张謇原定为期一月，每日写两小时。事实上，张謇的这次鬻字竟持续了两年多时间，直到1924年九月初一，72岁高龄的张謇才最终放下了鬻字的墨笔。为此他作了一首短诗《鬻字告终以诗记之》："大热何尝困老夫，七旬千纸落江湖。墨池径寸蛟龙泽，满眼良苗济得无。"②

张謇不把书法看成怡情遣性的艺术，而是当作一种普通的劳动技能，把自己当成了一个普通劳动者："人世取与之道最明白正当者，无过以劳力为金钱之交易……今仆鬻字，自犹劳力博钱也，买字者犹以钱酬劳力值也。"③ "任何人能助吾慈善公益者，皆可以金钱使用吾之精力"④，并说"劳力人固以有劳力处为幸"⑤，庆幸自己的书艺也能为社会公益多做一份贡献。

为把南通建设成"一个新世界的雏形"，张謇付出了毕生心血，成就了丰功伟业。而他为构建南通社会保障体系的种种努力体现着一位伟人高尚的人生境界。早在1904年张詧、张謇兄弟分家，在其《析产书》中曾以这样的言辞表明二人共同的志愿："要之此后之皮肉心血，当为世界牺牲，不能复为子孙牛马。"⑥ 1922年5月，第三养老院开幕，这是张謇用其70岁寿辰所得亲戚朋友贺礼馈赠创办的。他在开幕演说中说道："人恒以寿为重，其实人之寿不寿，不在年岁之多寡，而

---

① 张謇：《为慈善公益鬻字启》，《张謇全集》（5），上海辞书出版社，2012，第237页。
② 张謇：《鬻字告终以诗记之》，《张謇全集》（7），上海辞书出版社，2012，第356页。
③ 张謇：《致黄炎培函》，《张謇全集》（2），上海辞书出版社，2012，第625-626页。
④ 张謇：《鬻字启事》，《张謇全集》（5），上海辞书出版社，2012，第239-240页。
⑤ 张謇：《致黄炎培函》，《张謇全集》（2），上海辞书出版社，2012，第626页。
⑥ 张謇：《析产书》，《张謇全集》（6），上海辞书出版社，2012，第306页。

在事业之有无。若其人果有益于地方，虽早夭亦寿；无益于地方，即活至百岁，奚得为寿？……天之生人也，与草木无异。若遗留一二有用事业，与草木同生，即不与草木同腐。故踊跃从公者，做一分便是一分，做一寸便是一寸。鄙人之办事，亦本此意。"①对长寿的真谛、生命的价值，张謇在此有不同寻常的解读，他希望通过其亲身劝导和示范，来帮助更多的人在慈善活动中体会人生的意义。张謇还说过："下走之为世牛马，终岁无停趾；私以为今日之人，当以劳死，不当以逸生。"②"为世牛马""为世界牺牲"这是张謇人生观的朴实表述，也是他躬行实践的人生宗旨。正是有这样的人生追求和精神动力，张謇成就了常人所难以达到的事业高峰。

---

① 张謇：《第三养老院开幕演说》，《张謇全集》（4），上海辞书出版社，2012，第508页。
② 张謇：《致缪文功李元薲顾公毅函》，《张謇全集》（2），上海辞书出版社，2012，第252页。

第二章 张謇早年的慈善实践

大生纱厂码头

张謇1853年出生在通海地区一个农户兼小工商业者家庭，1894年高中状元。这一年是张謇人生中最大的一个转折点，因为在此之前的前半生里，张謇一直在求取功名；1895年张謇创办了大生纱厂，并在后半生将大生集团发展成为中国最大的民营资本集团。

1869～1894年，张謇从考取秀才，到高中状元，在科举场上沉浮二十余年，在这二十多年时间里，除了军营作幕外，张謇多数时间都用在科举备考上了，但是其中也不乏带头种桑养蚕、赞助文教的实践和救济灾民等诸多善举，其中最典型的就是为黄河决口灾区捐助棉衣、平粜赈灾以及重建、襄理海门溥善堂和义仓等慈善实践。

张謇早年的慈善活动和他的各种政治社会活动交织在一起，共同构成了他早期丰富的人生经历。张謇身处晚清社会，当时的中国是半殖民地半封建社会，帝国主义列强用枪炮强行打开中国大门，与清政府签订不平等条约，清政府为维护

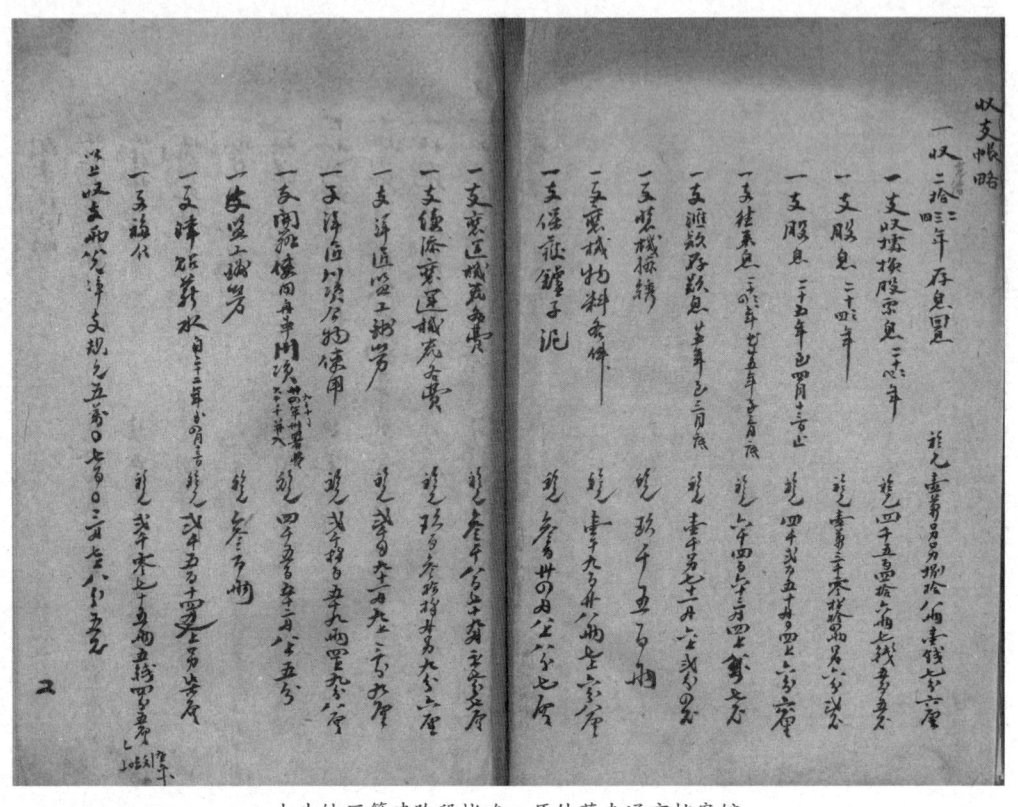

大生纱厂筹建阶段帐略，原件藏南通市档案馆

腐朽统治，对外被迫割地赔款，对内加重赋税剥削，因此苛捐杂税名目繁多。

当时通海地区人多地少，底层百姓经济负担重，受剥削程度深，农民赖以生存的农业受自然灾害影响大，特别是长江或淮河一旦发生洪灾，通海地区江岸涨塌风潮频频来袭，农民朝不保夕、极易破产。因而张謇早期的慈善活动和实践以救民为主要形式，经济来源主要靠自己拿钱，或向亲朋好友筹款和向富绅商贾募集。由于张謇受冒籍风波影响家道中落，不得不外出作幕挣钱补贴家用，在军中作幕的同时还要准备科举考试，因此张謇早期的很多慈善活动，他本人并没有太多时间精力和物质金钱投入，而是得到了父兄和好友的大力帮助，通海地区远近

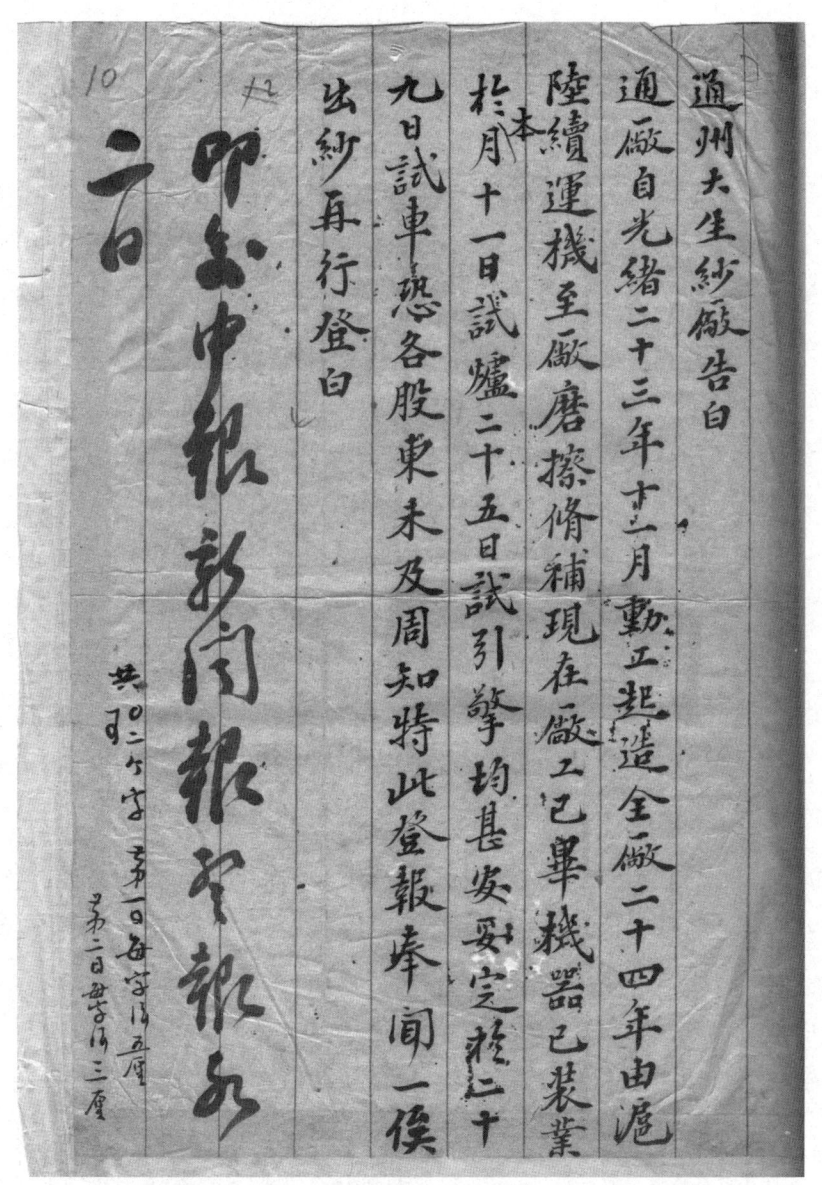

大生纱厂正式开车前在《申报》《新闻报》刊登《通州大生纱厂告白》的文字底稿，原件藏南通市档案馆

闻名的富绅和各行各业商贾也是张謇募集资金的对象。

虽然张謇对慈善事业十分热心，他所交往的周边群体也积极响应，但面对天灾人祸的客观现实和内忧外患的社会环境，多数情况下因为张謇所筹钱款有限，杯水车薪，救助范围不大，很难起到一劳永逸的决定作用，往往带有中国传统社会慈善事业的特点和共性。但这并不违背张謇慈善的动机，也不影响张謇慈善行为的效果，这是张謇慈善思想的萌芽和起源，为他后来在南通创办大生纱厂积累了人脉关系和口碑声望，为他经营实业和教育、投身社会公益慈善事业积累了宝贵经验。

及至20世纪初，张謇创办大生纱厂成功并迅速盈利，伴随着南通实业的发展，张謇在借鉴西方国家慈善事业经验的基础上，扩展了近代中国慈善事业的形式和发展领域，在近代中国产生了深远影响①。

一、热爱乡里，关心民生

张謇生活的通海地区地处长江以北，与苏锡常等江南地区一江之隔。在历史上江苏很早就有兴设慈善的传统，北宋时期著名政治家、改革家范仲淹在苏州创设"义庄"，置良田十余顷，将每年"所得租米，自远祖而下，诸房宗族，计其口数，供给衣食及婚嫁丧葬之用"。从明末到整个清朝，江浙一带资本主义萌芽兴起，以手工纺织业为代表的小商品经济发达，江浙一带慈善事业在全国也最为兴盛，其集中表现为善堂善会林立，通海地区受此影响，也有兴办慈善的传统②。

张謇是通海地区一个农家子弟，祖上是从江南常熟迁徙而来的移民，移民性

---

① 朱英：《论张謇的慈善公益思想与活动》，《江汉论坛》2000(11)，第 58～63 页。
② [日] 夫马进著，伍跃等译《中国善会善堂史研究·附篇一》：清代沿海六省的善堂普及情况"，商务印书馆，2005，第 667～682、695～697 页。

格中的忧患意识和进取精神是张謇家庭的独特家风。

张謇4岁时，张彭年开始教他读《千字文》，有时还带他挑担卖糖补贴家用，5岁时张謇背诵《千字文》无误，张父便命他入私塾师从海门邱大璋读书。12岁时张謇逃学玩耍，"先君命与叔兄、五弟随佣工锄棉田草，大苦，乃益专意读书"[①]，张謇还曾帮家中建房当木瓦杂工，农事的艰辛与不易给童年的张謇留下了深刻印象。

张謇入学后，除了读《大学》《中庸》《论语》《孟子》《孝经》《尔雅》等科举应试必读书目外，还读《春秋》《左传》《资治通鉴》《三国志》《晋书》《老子》《庄子》《管子》等，张謇对中国传统优秀文化书籍涉猎非常广泛，在打下深厚文学功底和学识基础的同时，受中国传统文化"仁爱""道德"等思想影响，他年轻时便树立了不凡志向和抱负，最终成为一个秉承儒家经世致用传统和入仕治事的传统知识分子。

张謇家世代为农，其父张彭年积勤起家，种田之余兼营小商业，是张家几代种田人中为数不多略通文墨的人。张彭年慷慨豪爽，平素好救济人急，尚气乐施。张謇生母金氏，笃善信佛，张父经常在外做生意，家里的事情金氏打理得井井有条。

1856年，张謇时年4岁，"通海大旱，蝗自北至，饥民满道，见袖饼啮者辄攫。先母杂蚕豆作饭，见乞者恒辍箸予之"[②]。干旱叠加蝗灾导致民众沟壑流离，惨不忍睹，其母金氏行善的这一幕深深镌刻在幼年张謇的脑海中。等到张謇童年稍微懂事时，父母告诉他1848年通海地区的特大水灾和1856年严重干旱，造成当地农民家庭受灾的惨状，并告诉他治理河患对地方预防水旱的重要性。家庭熏染和父母的言行使张謇的内心很早种下了关心疾苦、慷慨救济的种子，使他很早就有着民胞物与的大情怀。

---

① 张謇：《柳西草堂日记》，《张謇全集》（8），上海辞书出版社，2012，第989页。
② 张謇：《柳西草堂日记》，《张謇全集》（8），上海辞书出版社，2012，第988页。

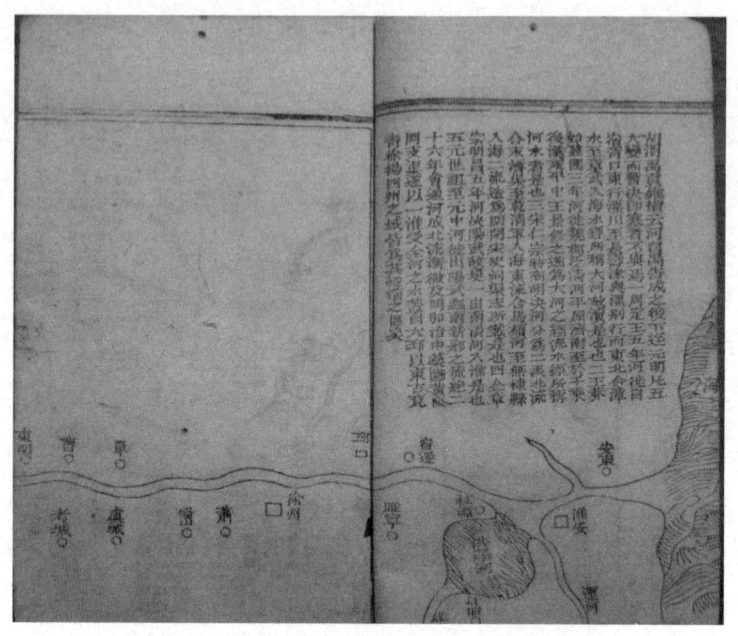

1707年，清代靳辅所著《治河方略》中的河流图

久入芝兰之室而不闻其香，久入鲍鱼之肆而不闻其臭。张謇早年交友广泛，但得益于张謇家的优良家风，特别是其母金氏的主动干预，张謇身边保持交往的都是一些"正能量"朋友。张謇在《金太夫人行述》中记载："吾母善知人，凡詧、謇交游，必问其行与习。有某若某，戒勿与亲，谓是浮薄，终败行检，后悉如母言。"张謇生母金氏对儿子与朋友交往的关心和监督，无形之中为孩子打造了良好的交际圈，也使早年的张謇交到了很多荣辱与共的好友，这些人大多生性豪爽、淳朴善良，拥有着共同的人生理想和抱负。

虽然张家穷苦，但是张彭年对子孙行善却大为支持。"叔兄与里中诸友商办下沙灾赈，先君质衣为助，并倡捐建长乐市石桥"[①]，张彭年的行为给年轻的张

---

① 张謇：《啬翁自订年谱》，《张謇全集》（8），上海辞书出版社，2012，第996页。

誉和张謇正面引导与支持，年长张謇2岁的张詧比张謇更早参加了赈灾救困的慈善实践，并得到了张彭年的大力支持。

张謇早年因冒籍风波，家境受到很大变故，不得不外出作幕、补贴家用。经过走南闯北游幕生涯的磨炼，张謇增长了才干，拓展了眼界，在淮安渔滨村查勘旧案、捕蝗和赈灾的过程中，张謇对普通老百姓的穷苦生活有了更直观的感触，也激发了他救穷苦民众于水火的豪情壮志。这些经历使张謇形成了独特的人格，即他没有一般士大夫"述而不作""坐而论道"的弱点，而是主张"起而行之"，以"普泽天下、救民水火"为己任。

灾害频仍的客观现状、崇尚慈善的社会大环境、行善乐施的家庭氛围和经史典籍中传统文化的熏陶和感染，再加上游幕生涯拓宽了张謇的眼界，增长了他的才干，使张謇心中慈善的种子逐渐发芽生长，奠定了他一生矢志强国、解民倒悬的人格基础，他日后的慈善思想和兴办的一切慈善事业，其源头都在这里。慈善是张謇实业救国和教育救国的重要补充。

二、游幕生涯，慈善实践

由于张謇的父亲张彭年在家乡任治河事二十多年，张謇对水利略有所知。1874年，张謇随孙云锦察勘淮安渔滨河积讼案，在这次出行中，张謇开始真正接触水利，他仔细研读了淮安士绅丁显的《复淮故道图说》，看到了冯氏、丁氏《说淮河利病书》，便当即购买。在目睹了当地灾民的穷苦景象后，张謇意识到地处江南的淮安百姓比南通百姓还要贫苦。张謇十分忧愤，一连写下多首诗作，其中一首道："朝朝复暮暮，风炎日蒸土。谁云江南好，但觉农妇苦，头蓬胫赪足籍苴，少者露臂长者乳。乱后田荒莽且芜，瘠人腴田田有主。"

对自然灾害、土地制度和社会不公问题的思考，更加坚定了张謇日后治理淮河、解民倒悬的志向和决心，他还认真学习明代潘季驯的《河防一览》、清初靳

南通棉田

辅的《治河方略》等前人的水利著作，积累了丰厚的理论知识，这次与水利的初次结缘是张謇日后兴修水利、治理长江和淮河水患之源头所在。

1877年5月，长江以北各县蝗虫成灾，所过之处百姓农田遭灾。捕蝗救灾本非幕僚职责之事，张謇与朱曼君却上奏两江总督，请求发布捕捉蝗虫告示。随后吴长庆从天津返回南京浦口，两江总督便派吴长庆的军队捕捉蝗虫。天还未亮，吴长庆率领庆军各营就起来捕捉蝗虫，并亲自督查检视，教授士兵技巧和方法，蝗虫抓完了还搜捕蝻虫（蝗虫幼虫）。这次捕蝗行动避免了蝗灾泛滥，保护了庄稼和粮食，使老百姓免受饥饿和流离之苦。

张謇二十七岁这年，对他一生影响非常大的母亲病危，临终之前，她嘱咐张謇：" 穷苦人须周济，不必待有余""科第为士人归宿，门户名号，自须求之，但汝性刚语直，慎勿为官""汝作事勿放浪，好好做人""我平日虽诵经礼佛，但身后勿营佛事妄费"[1]，母亲的临终遗言告诫张謇后事要简办、要接济穷人，佛教中的善行在金氏心中根深蒂固，也间接影响着张謇的为人处世，勤俭节约、扶危济困成了孝子在母亲临终前的坚定承诺，也是张謇一生坚守的为人处世信条。

这些朴素话语虽然简单，但深入人心，多年后张謇在编《啬翁自订年谱》时将金氏多年前的临终嘱托详细记录下来，可见母亲对他的影响之大之深，张謇日后的为人处世都是按照母亲金氏临终时的嘱托来做的。

相较于张母金氏的谆谆善诱，张父彭年则身体力行，引导和培养儿子行善。虽然冒籍事件导致家境并不富裕，但张彭年喜好为街坊邻居排忧解难。1875年11月，"叔兄与里中诸友商办下沙灾赈，先君质衣为助，并倡捐建长乐市石桥"[2]，张謇与朋友商议赈灾，张彭年典衣相助。当时海门常乐镇上东西两街中间的川洪河上木桥狭窄破旧，张彭年不辞劳苦，四处张罗，终于成功创捐建造丹凤石桥，

---

[1] 张謇：《柳西草堂日记》，《张謇全集》(8)，上海辞书出版社，2012，第999页。
[2] 张謇：《柳西草堂日记》，《张謇全集》(8)，上海辞书出版社，2012，第996页。

为周围百姓出行提供了极大方便,这给张謇留下极其深刻的印象。

通海一带产棉,老百姓主要通过纺纱织布谋生。1883年,通海地区农业歉收,捐税却并没有减少,百姓难以完税,张謇和沈敬夫商议,领导通海地区花布减免捐税事宜,作《呈请代奏核减海门花布厘捐禀》给海门厅政府,要求减免厘捐。这段早年间的友谊为日后张謇携手沈敬夫克服万难、筹建大生纱厂打下了坚实的感情基础。

1884年正月,海门四甲有数千缺少粮食的农民聚集起来,到官府索饷,然而官府却无动于衷、漠然处之。张彭年闻此消息,让张謇和刘逢吉等人商量赈灾

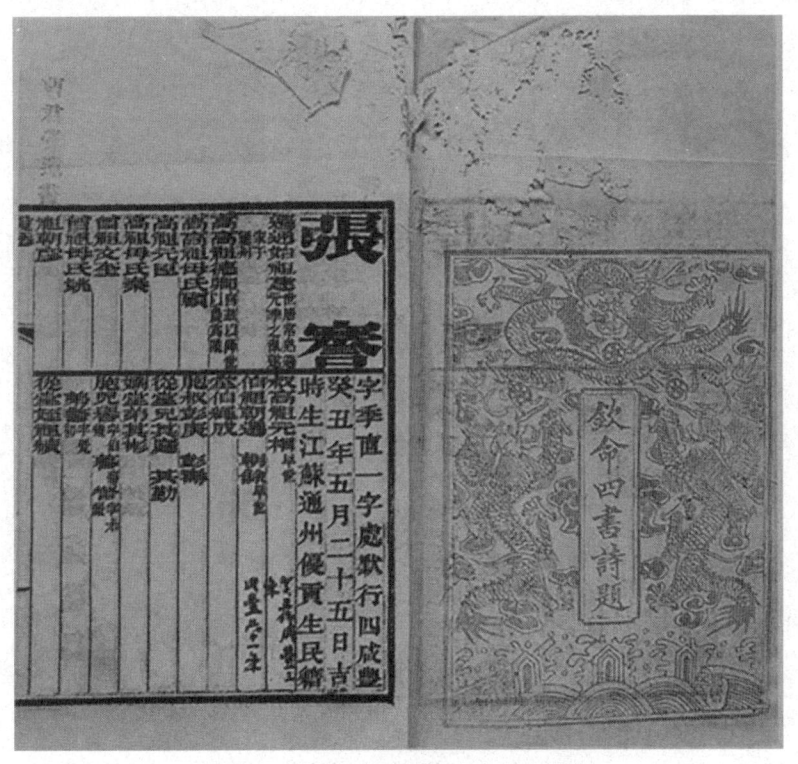

张謇1885年秋参加顺天府乡试的硃卷

并平价卖出仓库里的粮食，张謇多方奔走筹措后，从烟台万霞如、龚小石处借来400金，在四甲粮食市场上平价卖出粮食，帮助地方官府赈灾，暂时避免了即将发生的动荡，平息了此次风波。

同年三四月间，苏中地区的冬小麦还未成熟，百姓家中正青黄不接，张彭年到西亭向龚小石、万霞如等人借款买粮，在粮市平价销售，以防粮食涨价导致穷苦百姓买不起粮。张謇有鉴于此，想在常乐议立社仓，平时储备粮食，以备饥荒时可以拿出来救急。

此后国内局势迅速变化，中法议和，张謇回到军营，随吴长庆调防奉天金州，建立社仓事于是暂时耽搁了下来。同年吴长庆病逝，宾客散尽，张謇和其兄张詧回到通州。途经山东时，他们看到黄河再度决口，"饥寒载途，惨目伤心"的景象，于是他们本着儒家饥溺为怀的慈爱观念，"归告家君，即与二三戚好兴助棉衣一千余件，由上海施少钦转展赶解灾区"。这是张謇兄弟在江苏省外捐助过的义赈。

1874~1884年张謇主要在军营作幕，这一阶段的慈善活动得到了很多亲朋好友支持。这些年轻才俊们空暇时便在一起互相切磋文艺，在军营中也互相扶持，个人的文学造诣得到很大提升，身心修养逐渐成熟，并慢慢成长为肩负救护百姓之责的士绅群体。他们中的很多人成为张謇终生的挚友，张謇、张詧和父亲张彭年的大部分慈善活动都得到了这些朋友的无私帮助，在张謇《柳西草堂日记》中有许多这方面的记载。

在1885年张謇考中举人之前，张謇的这些慈善活动，大多是在江苏省内，主要是在今南通范围内的通海地区。这些活动要么是由张彭年或张詧发起，或者就是张謇和朋友共同参与，张謇表现更多的是一个参与者和协助者角色，并没有在这些慈善活动中独立主持或发挥主导作用。因为张謇在军中作幕时间长，在通海地区生活时间较短，除了在军中任职外，张謇大部分时间都放在准备和参与科举考试中了，加上张謇作幕的薪金大部分都交给张彭年还掉因冒籍风波被人讹诈而欠下的家庭债务了，因此，在这个阶段张謇并没有独自参加慈善活动的时间精力和物质条件。此时的张謇缺乏经济实力和社会地位作为后盾，行善成效极为有限，不过这一时期张謇的慈善行为虽然很小，看似微不足道、影响有限，但也为张謇积累了行善经验，也是他树立世界观、人生观和价值观的重要阶段——逐渐在心底树立起经世报国的伟大抱负。

这一阶段张謇等人所参与的慈善行为具有突发性和临时性的特点，参与人员缺乏系统筹划，其慈善行为更多响应儒家的"仁者爱人""恻隐之心"与"民胞物与"的提倡和要求，自发救护受灾百姓性命和维护地方安定，并没有长远考虑自然灾害频发和百姓生活苦不堪言的背后深层次原因，没有能够从制度上根本解决这些问题。

以张謇为代表的开明士子关心穷苦百姓生活，竭尽所能帮助穷苦百姓克服困难，虽然张謇等人受经济能力所限，能救助的人数并不多，救助范围也十分有限，但是他们并没有"勿以善小而不为"，正如他自己后来所说的"做一分便是一分"，即使杯水车薪，他们依然义无反顾做下去，其慈善行为，履行了士大夫的职责，维护了政府的统治，也在一定程度上改善了当地穷苦百姓的生活。

三、返回乡里，商试兼顾

1885年，孙云锦调任南京江宁知府，其子孙亚甫回避不能在江宁参加应试，便要儿子和张謇一并到北京参加顺天府乡试。1885年6月，张謇在北京听闻通海地区发生水灾，知道常乐社仓一时难以建成，张謇愤懑不平而又无可奈何。所幸这年张謇应顺天乡试考中南元（即南方人参加北方乡试的第一名举人），这对参加科举的士子来说是莫大荣耀，整个有清一代，南方士子参加顺天府乡试考中第二名的只有盛于亮、方汝谦和张謇三人。也是在这次考试中，张謇为清流派翁同龢和潘荫祖等人赏识奖掖，与翁同龢结成了正式的师生关系。

早在1885年张謇考中举人前后，特别是当他结束在庆军军营中作幕返回南通时，张謇就已开始了自己"经营乡里"的活动。张謇在涉足蚕桑、林木等经商活动同时，积极组织和参与了各种政治社会活动：一是联合地方士绅，禀请两江总督免除十年丝绢，以兴蚕利。二是动员地方官招商开行，收购蚕茧，发展蚕丝市场。三是牵头联络通州大布庄老板和各地花布商人，力争官府减收通海花布厘捐。四是筹办地方武装防卫组织"滨海渔团"，维护沿海地区安全。五是倡导建立社仓，备灾备荒，防止灾年发生社会动荡，恢复海门慈善堂，负责办理掩埋无主野尸等慈善事宜。

1886年，会试不中的张謇回到家乡南通海门，一面继续备考赶考，一面帮助困难家庭和当地农民开展蚕桑、林木等商业活动，并组织参与地方士绅商贩减免丝捐、布捐的抗争活动，筹办地方武装防卫组织滨海渔团。

海门虽然是由长江冲击而成的平原，土壤肥沃，但是老百姓只有棉花一种经济作物，生活穷困。为了增加百姓收入，1886年，张謇以商业眼光鼓励张彭年带动乡间兴办蚕桑，集资让他去浙江湖州购买桑苗，赊给乡人种植，并送给他们《蚕桑辑要》。张謇还请刘旦旦到江南学习，带动桑树种植，使种桑养蚕发展成为通海人的又一重要收入。

1887年3月，张謇在家里一面备考，一面种桑育蚕，他萌生了发展林木经济改善乡民生活的想法，于是和张彭年购买柏树秧和槐树秧，还从袁恕堂那里要来油桐子千粒下种备给，分售给乡人种植，增加乡民收入。

由于此举民众反响良好，张謇又创新经营方式，开始创办养蚕公司，将桑苗赊给穷苦百姓种植，等到两年后桑树长成，农民将桑叶卖给公司，公司扣除当初的桑苗钱和两成利息，剩下的钱都是老百姓的劳动收入。在这场交易中，除了自然灾害等不可抗拒因素外，风险几乎都在公司，乡民们几乎不承担任何风险。张謇经商创业的能力可见一斑。张謇的经营之道从一开始就是一项开启民智的利民之举，这也使得张謇早期的慈善活动和经营活动交织在一起，张謇参与的很多活动都能体现他的慈善思想，寓利于义是张謇早期慈善活动的应有之义。

1887年5月，孙云锦调任开封知府，张謇再次应邀加入孙云锦幕府，到安庆和孙云锦一起去河南，继续作幕。6月中旬他们到达开封，住在江苏会馆。8月中旬，黄河在郑州东石桥决口，"被灾之民，四散奔逃，不知凡几"①，决口外五六里，人畜死伤无数，洪水殃及开封等地。洪水夺汴河、颍河、汝河、涡河四河河道向下游而去，横经四五十里，灾民不计其数，死亡群众超过100万人。张謇和孙东甫冒着危险乘船查看水势，遍历决口上下游，调查灾情，并写下《郑州决口记》，记载当时的各种情形，生动描述灾民惨状，痛切之情溢于言表，并将受灾情况如实禀告孙云锦，孙云锦立即报告巡抚请求设立赈局，河道藩司鞠捷昌不主张设立赈局，孙云锦苦苦争取，因此与藩司之间有了间隙。孙云锦告诉张謇："官不做可也，但是眼前的灾民，不能不救。"

河南巡抚倪文蔚要张謇理画治河诸事，主持河工计划，草拟疏塞大纲。有京官主张任黄河自觅路入海，张謇上书潘祖荫和翁同龢，立陈其不可。张謇看古人的治水书，并探究宋代和明代历史，但凡黄河在开封以上段决口的，都会大漫淮北，原因是因为淮北没有河道泄水，而淮安和扬州因此受灾较轻。张謇建议趁黄河夺流，好好治理黄河，力主开辟多条河道，恢复大禹时的旧河道，疏导黄河由山东入海。张謇的建议与李鸿章派往郑州视察的欧洲水利专家贾海的观点不谋而合。由于建议不被采纳，张謇"去志益决"。11月，张謇与孙东甫离开开封，回到通海地区，继续读书准备科举考试。

回通路过淮安时，张謇再一次目睹淮河水患严重，"除放急赈外，另募灾民

---

① 张謇：《柳西草堂日记》，《张謇全集》（8），上海辞书出版社，2012，第261页。

治淮,以工代赈"。回通后张謇又以士绅身份在通海地区参与赈灾、筹设义仓和恢复溥善堂等活动。

1888年底,为海门复建溥善堂事,张謇给藩司黄子寿和臬司官员陈舫仙上书,议定复设溥善堂章程。官府和吏胥从中作梗,此事不了了之。1890年,张謇又两次给海门厅厅署上呈,请求官府传谕各业,自己则"合绅耆分别集捐为先,先行试办,以成善举"。1892年溥善堂粗成,但官府、吏胥和不肖诸生阻拦,"风波重叠",直到1893年才最终建成,此后很多年间百姓都争"颂其利"。溥善堂的顺利重设,得益于张謇找到了刚正不阿的杨梅汀主持,使"吏役不得为奸",更重要的是得到了海门商绅的大力支持和穷苦百姓的支持拥戴。

原来海门下沙与崇明诸沙隔着一条长江,清中期以后,由于江水冲来的泥土不断堆积,导致两地接连成片,海门下沙的河道距长江更远,排泄洪水愈发困难,几十年来水患频发。1875年,张謇就与杨安震(字子青)讨论拯救下沙灾民,并与黄世丰(字君俭,号少田)、刘逢吉(字馥畴)商议。张謇与里中诸友商办下沙赈灾,张彭年还典当衣服相助。1891年,海门下沙和小安沙再次成灾,张謇通过调查,将受灾情况分为几等,按照受灾程度不同,进行有区别的加赈,张謇呈请官府,希望用股息款赈灾,股息提用不足之处,由张謇等发动富商等募集。

1885～1894年为张謇早期慈善活动的第二阶段,张謇相继考中"南元"和状元,无论社会地位还是在朝野中的声望,都逐渐高涨,张謇已然成为通海地区一位有名士绅。加上张謇在通海地区"经营乡里"的一系列活动,张謇和通海地区桑蚕种养户以及布商们增加了互信和了解,并和其中一部分人建立了友谊。其间,张謇基于自己的社会地位来从事慈善活动,相较于前一个阶段,已经具备更多便利条件,这从海门溥善堂和社仓历经一波三折后成功创设便可以看出。对张謇个人来说,慈善活动使他名声在外,赢得了群众特别是通海地区老百姓的信任和口碑,为其日后集资创办大生纱厂打下了好的基础。从他的家庭乃至通海地区来说，张謇的慈善行为给他人作了很好的示范。

1894年，张謇高中状元，以第一甲第一名引见。寒窗苦读多年，终于达到自己的高光时刻，然而接踵而来的国事和家事，又使张謇陷入深深的忧愁。同年日本发动甲午战争，其父张彭年也因病去世，张謇不得已，回乡丁忧。

1895年，张之洞由湖广总督调任两江总督，此时张謇丁忧在家，张之洞奏请朝廷任命张謇总办通海一带防务。张謇有鉴于以往办团练筹款的弊端，不去募捐钱财，而是将二十四橱书典当，抵押到银圆一千两，分次襄助通海团练，为乡人所褒赞。作为一名知识分子，张謇对国家的热爱发自内心，忍痛割爱典当书籍，此举既襄助了地方团练，也减轻了当地民众负担，可见其爱国忧民。

张謇经过深思熟虑，又接受了张之洞的任命，担任通州招商局"总理"，踌躇多日后又接下了经商办厂的苦差事。张謇总领通海一带商务，开始了其后半生"舍生饲虎"、弃仕从商的艰难历程，开始了艰难创办大生纱厂的过程，并开创了另一段"传奇"的人生之旅。

总体上看，在交通并不发达的晚清时期，张謇早期的慈善活动涉及范围较广，既有张謇在通

状元捷报

海地区的慈善作为，也有在南通以外乃至江苏以外的慈善壮举，伴随着张謇的足迹，张謇的善举遍及全国多地，救助了许多穷苦百姓。

张謇早期慈善活动的特点之一是他并没有形成明确的慈善理念，其慈善行为是一种自发的个人行为，处于一种不自觉状态，受他个人的儒家伦理思想所支配，努力担负起传统地方绅士的责任，另一特点则是其重视对各种自然灾害，尤其是水灾的标本兼治。张謇将这种慈善行为作为改良社会的重要抓手，一方面张謇注重帮助贫弱群体，主张以工代赈，采取积极救济的慈善救助方式；另一方面则关注治理水灾等各种自然灾害，希望通过根治灾害，降低灾害发生频率，从而达到救济灾民的效果。

张謇早期的慈善活动，折射的是他早期的慈善思想，这种思想既源于他从小受儒家经典仁爱思想和民本思想影响，也跟他是苏南移民后裔、农家子弟、曾遭遇水灾、了解民间疾苦、受父母家风家教的熏陶不无关系，更跟他以科举入仕、以天下为己任的传统士绅的士大夫情怀有关，这在"张謇所撰的募启中常常出现的孔孟儒家'仁者爱人''恻隐之心'与'民胞物与'之辞"中得到体现。[①]

张謇早期的慈善思想和公益行动体现了一位士大夫对近代中国早期慈善事业的探索，张謇身上所体现的特色的慈善事业思想，是其慈善思想的萌芽和开端，具有新的时代特征，并对近代慈善事业产生了大的作用与影响。

[①] 曾桂林：《殊途同归 善与人同：张謇与熊希龄的慈善事业之比较》，《科学·经济·社会》，2011(3)，第38～63页。

第三章 张謇在南通所办慈善事业

从事慈善事业，是张謇造福乡梓的重要方面。张謇认为，国家强盛的根本，在于发展实业和教育，"而弥缝其不及者，惟赖慈善"①，慈善可以覆盖那些没有从实业和教育发展中受惠的人群。尽管相对于"积极之充实者"的教育，慈善"属于消极之救济者"②，在张謇看来，慈善使得"人道之存在此，人格之成在此"③。在张謇的倡导和引领下，新育婴堂、南通医院、养老院、盲哑师范传习所、盲哑学校、贫民工场、济良所、栖流所等在南通相继设立。

一、新育婴堂

新育婴堂为张謇在南通兴办慈善的开端，是张謇在创办大生纱厂获得成功，顺利开设通州师范学校之后，改良南通社会的又一举措。清乾隆三十九年（1774），南通原有育婴堂改建于南通城西北。旧育婴堂地势低洼，屋小如斗，其向东西，再加上保姆"蠢懒"，生活条件和卫生状况都十分恶劣。

张謇与他的三哥张詧目睹其状，"恻然伤之，不忍坐视"④，决定筹资设立新育婴堂。1904年7月28日，张謇在考察新育婴堂所选地址鱼池港后，集联两副题新育婴堂：一副为"若保赤子，与为婴儿"⑤，这两句分别来自《尚书》和《庄子》；另一副是"养幼少，作新民"，出自《礼记》，大意是从婴儿的身心出发，去关爱这些孩子，把他们培养为自食其力、对社会有用的人。

新育婴堂位于大生纱厂所在的唐闸，三面活水环流，空气清新，屋宇轩豁。购地、建屋、置具等开办经费，共用银2.34余万两，其中张謇、张詧兄弟捐助一半，

---

① 张謇：《呈筹备自治基金拟领荒荡地分期缴价缮具单册请批示施行文》，《张謇全集》（1），上海辞书出版社，2012，第430页。
② 张謇：《致卢鸿钧函》，《张謇全集》（3），上海辞书出版社，2012，第883页。
③ 南通市档案馆编：《父爱如山》，江苏人民出版社，2018，第161页。
④ 张謇：《南通新育婴堂募捐启》，《张謇全集》（5），上海辞书出版社，2012，第105页。
⑤ 张謇：《题通州新育婴堂（二副）》，《张謇全集》（7），上海辞书出版社，2012，第440页。

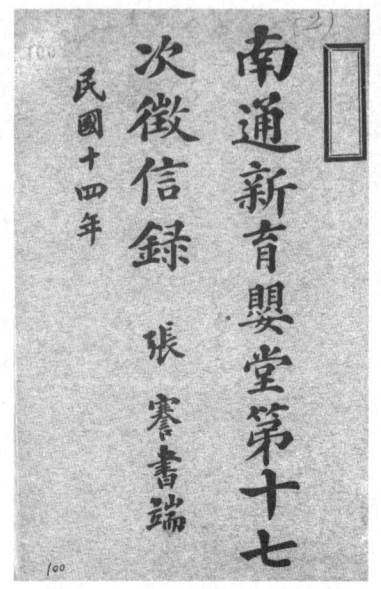

《南通新育婴堂第十七次征信录》，原件藏南通市档案馆

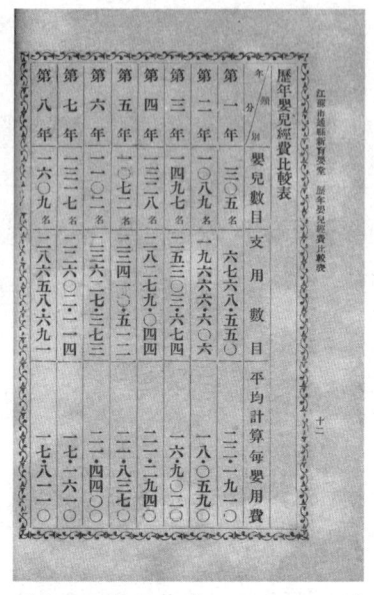

《南通新育婴堂第十七次征信录》记载的历年婴儿、经费对照表，原件藏南通市档案馆

南通新育婴堂保姆与儿童

幼稚园幼儿游戏

大生纱厂各位执事捐助四分之一,官府拨款占四分之一。

在婴儿抚养方面,张謇与同人努力摒弃旧育婴堂的各种陋习,吸取了上海土山湾孤儿院的育婴经验。1906年,张謇在《南通新育婴堂募捐启》里讲到"开办一载,活婴千余,成效照然矣",欣慰之情,跃然而出。据1925年编印的《南通新育婴堂第十七次征信录》,新育婴堂收养的婴儿数量,1905年为305名,1906年跃升至1089名,以后长期稳定在千人以上。

最初,张謇只是"使遗弃之婴得所而已,故以开堂收婴为初步"[1],也就是把新育婴堂定位在收养弃婴上面。随即他考虑到对婴儿不能仅仅停留在抚育层面上,必须教养结合。这又是一个系统工程,需要逐步展开,张謇"于是有保姆传习所、幼稚园、女工传习所、初等小学次第之计画"[2]。张謇为新育婴堂婴儿设

---

[1] 张謇:《呈筹备自治基金拟领荒荡地分期缴价缮具单册请批示施行文》,《张謇全集》(1),上海辞书出版社,2012,第438页。
[2] 同上。

南通第一幼稚園全体攝影

计的成长路径是:"幼稚园毕业后即入初等小学校,小学毕业就入唐闸工厂习艺。男使可谋生,女使可遣嫁,即听自谋。"①1915年,张謇对新育婴堂经费概算时提及:"育婴堂、幼稚园已办甫办之事也,而初等小学则正筹办。又,入学之年须别营工舍为其食宿,各项经费皆在筹画。"②1912年,新育婴堂增建两层楼房17座。1913年,设立在新育婴堂的幼稚园传习所开学。

张謇创办的新育婴堂,其办学理念主要借鉴自上海土山湾孤儿院。上海土山湾孤儿院采取慈善和半工半读相结合模式。孤儿6岁前由育婴堂的嬷嬷抚育;7岁左右开始先上4年初级小学,所学科目与普通学校一样;随后进入高级小学学习2年,除了普通学科外,每天还去各工场初习工艺;高级小学毕业后,升入实习班,除早晚继续学习基础知识外,根据其性情和才能,学习各种工艺,期限2年;毕业后既可留在土山湾工作,也可由院方介绍外出就业。

据《二十年来之南通》介绍,南通新育婴堂以女婴为多,孤儿7岁送入幼稚园,聪颖的孩子之后送入女师附小,毕业后升入女师继续学习,女师毕业生应该具备自立能力。其他孤儿则进入女工传习所或女子蚕桑讲习所,以此谋生。这样的教育方式,使得孤儿既具备基本的文化知识,又有一门足以养家糊口的技艺。

二、南通医院

1903年,张謇赴日本考察,重点是实业和教育。7月27日,他在长崎登上"弘济丸"号轮船,准备回上海。张謇总结其70天的日本之行,自忖连日调查实业和教育情况,尚有未及详细留意的事项,同时对没有观察日本的医事表达了遗憾:"日本医学发达最先,非独其士大夫所自负,德、法各国闻亦许之,余以兹事繁

---

① 张謇:《呈筹备自治基金拟领荒荡地分期缴价缮具单册请批示施行文》,《张謇全集》(1),上海辞书出版社,2012,第438页。
② 同上。

重，非绵力所能办，故绝未注意，无从赞一辞。"①

张謇认为"医道与人生性命息息相关"②，只是设立医院需要各类专业人才，不太容易得到，因此暂时搁置起来。外加医院的房屋建筑和设备投入是一大笔钱，而张謇在公益事业上已经投入不少，难免捉襟见肘。以新育婴堂为例，自1907年起，每年费用2万余元，除了公私各界捐助7000余元外，张謇、张詧还补助7000余元。1908年，公私各界捐助1.3万余元，张氏兄弟补助3600余元，另外由张謇鬻字得到的2000元弥补不足。1909年公私各界捐助1.5万余元，张氏兄弟补助4700余元，另借2600余元。1910年3月，张謇在盘点南通各项事业时，提到"而医院、医学堂未暇焉"③，这个"未暇"，实在是财力不够所致。

1912年8月9日晚上，张謇乘坐"大和"号轮船从上海回南通，当天的日记里记载有"规建医院、残废院、盲哑学校"④。10月26日，张謇选定了医院用地。根据《南通地方自治十九年之成绩》，建成后的医院计一等病楼3幢、二等病室10间、三等病室14间、诊病室23间、传染病室5间、解剖室3间、浴室4间、厕所2间、门房2间、天水池1座。建筑费用1.59万元，医疗器械购置费1300元、其他设施费用1160元，均由张謇、张詧支出。张謇定其名为南通医院。

张謇对南通医院的发展倾注了大量心血。1914年，南通医院设内科、外科和妇产科；1915年，设产科传习所；1917年，设内科、外科、皮肤科、眼耳鼻喉科（附设齿科）；1918年，设中医门诊；1919年，南通医院购置了X光机。据大生驻沪事务所所长吴寄尘11月7日给徐广镕的信函，由张謇的德籍顾问替

---

① 《癸卯东游日记》，翰墨林书局，1903，南通市档案馆馆藏档案F001-311-0153。
② 张謇：《复阎锡山函》，《张謇全集》（2），上海辞书出版社，2012，第732页。
③ 张謇：《预计地方自治经费厘订地方税界限应请开国会议》，《张謇全集》（1），上海辞书出版社，2012，第200页。
④ 张謇：《柳西草堂日记》，《张謇全集》（8），上海辞书出版社，2012，第742页。

为医校学生实习而设的南通医院建于1913年,同时为社会提供了完备的医疗服务,贫穷者可免费诊疗。

南通医院庭院

尔为南通医院置办的X光机（当时称爱克司光镜）、医药用具、显微镜等，已全数运到南通。这批器械设备的详细账单是直接寄给张謇的，全部款项九八规元4625两是通过大生驻沪事务所付清的。信函中提及的煤油马达，是另托德籍西门子洋行工程师高翕（信函中写为"高昔"）代办的。

X光机在当时的中国远未普及，在南通更是稀罕物，极大提高了南通医院的诊疗水平。张謇高薪聘请德籍医学博士夏德门到南通医院工作，还专门建造两层的X光楼，楼下放置X光机，楼上作为夏德门的住所。X光机能够清晰显示受检部位的情况，有助于对病情的诊断，再加上夏德门勤勉敬业、医术精湛，解决了众多患者的疾苦，提高了南通医院的声誉。

张謇在经营南通医院的同时，希望有更多人士参与到南通医疗事业发展中来，

1919年11月7日吴寄尘给徐广镕有关为南通医院购置X光机等医疗用品的信函留底，原件藏南通市档案馆

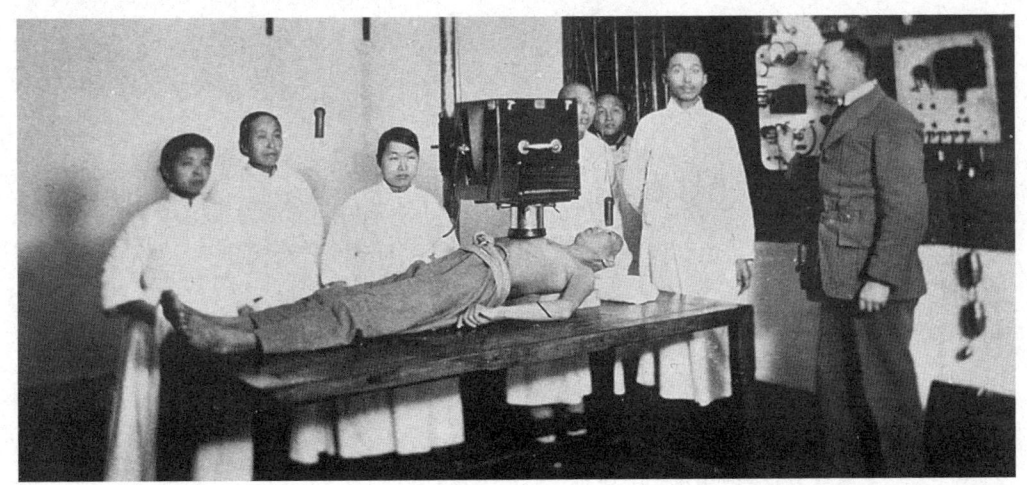

南通医院X光室

1912年张謇在南通城南建造养老院，收养生活无靠的孤寡老人。老人入院至逝世棺殓安葬，一切均有院方负责料理。

以弥补医疗资源的不足。1916年10月，南通基督医院重新开业，张謇与南通的地方政要出席了开业仪式，张謇还发表了讲话。南通基督医院原名查普曼纪念医院，始建于1907年，是南通第一家西医院，1912年10月建成并开张，可惜由于缺乏医护人员，医院于1913年下半年无奈关闭。在张謇的呼吁和支持下，1915年底美籍医生海格门从南京来到南通，恢复了医院运作。

三、养老院

在张謇看来，设立养老院既是对中华传统文化中"老有所养"这一传统的继承，又是南通社会治理的组成部分。张謇在《南通养老院记》中引用《礼记》"老幼孤独不得所，大乱之道也"，他认为，如果无依无靠的老人流离失所，那么谈何经营地方事业。

1912年初，张謇发表了《移生日宴客费并馈金建养老院启》[①]。他在启事中说，他原本是个贫寒子弟，一辈子在乡间忙忙碌碌，想要做的事，至今也就做了不到三四成，不知不觉到了耳顺之年，实在是微不足道。他的生日要到了，很多亲朋

---

① 张謇：《移生日宴客费并馈金建养老院启》，《张謇全集》（5），上海辞书出版社，2012，第132页。

好友已经提前来祝贺，他的内心很不安，担心自己没有办法来回报大家，思来想去，还不如把原本宴请客人的钱，在南通城南建个养老院，来帮助那些流离失所的老人。各位亲朋好友与其送给他丰厚礼物，不如一起筹钱建养老院。一个人的享受怎么比得上众人的安顿，一天的浪费怎么比得上长久的恩惠。

就这样，张謇把本来准备请客过生日的钱和亲朋好友的贺寿礼金拿来办养老院。他在南通城南白衣庵西侧购地3950步（按：田亩计量单位，一千步约合4亩），第一年建成外表门、大门、办事室、接待室、看守室，以及男院的工场、宿舍、食堂、厨房、浴室、厕所等。第二年建成病室、药室、清洗场，以及女院的工场、寝室、庋物室、梳理室、食堂、浴室、厕所等。全院大小房屋136间，建筑费共1.822万元，全部开办费用都由张謇承担。

1913年6月16日，张謇在《通海新报》刊登《为养老院征求旧物启》，说上海的安老院派两名工作人员，每日徒步推着车子四处征求旧物，旧的衣、帽、袜、履、帐、被等，凡是适合老人使用的，都收进来洗干净补缀好重新利用。张謇赞叹其用意之勤而慈善之真。因此，南通养老院要向上海的安老院学习，派不出人员就登报征求旧的物品，希望社会各界慷慨捐助，比如旧衣、旧帽、旧鞋、旧袜、旧帐、旧被褥、零布、零纱、零线、零絮、零米、零麦、零薪、零炭、粗茶点等。张謇的善举，得到很多人支持，当年收到捐款4040元，各种衣物593件。南通养老院（又称第一养老院）于当年12月开院。之后的日常开销，张謇和张詧又捐助2800元，还得到刘树森、管俭坤、于振声等友人资助。1915年，南开大学的创始人之一严修，也向第一养老院捐赠了500元。

十年一晃而过，1922年张謇70岁。根据他当年建设第一养老院时的约定，他购买了第一养老院前的空地，建设了一个新养老院。由于张詧之前在海门常乐建设了第二养老院，所以张謇把这个新的养老院命名为第三养老院。5月27日，张謇在第三养老院开幕式上发表演说，可谓情真意切、金句迭出，也是他慈善理念的集中体现：

"人恒以寿为重，其实人之寿不寿，不在年岁之多寡，而在事业之有无。若其人果有益于地方，虽早夭亦寿；无益于地方，即活至百岁，奚得为寿？"① 他继续说，养老是慈善事业。迷信者认为是积阴功，沽名者认为是博虚名。但是他不这样想，他不过是因为自己安乐，便想到别人的困苦，虽个人力量有限，

---

① 张謇：《第三养老院开幕演说》，《张謇全集》（4），上海辞书出版社，2012，第508页。

不能普济，但是救得一人，总觉心安一点。第一养老院仅容纳 120 名老人，现第三养老院可容纳 146 名。新养老院的面积未能充分扩大，原因涉及某人的地产。此人也是 80 多岁的老人，不获得高价不肯卖地，现在已经去世了。可见人所谓的长寿，并不仅仅意味着活得长短。这个人享年八十有余，寿命不算短了，但是他阻挠公益，自私自利，和不长寿的人有什么区别呢？张謇接着说："天之生人也，与草木无异。若遗留一二有用事业，与草木同生，即不与草木同腐。故踊跃从公者，做一分便是一分，做一寸便是一寸。鄙人之办事，亦本此意。"[①]这不仅是张謇办养老院的初衷，也是他兴办慈善和公益事业的出发点，更是其人生追求所在。

四、盲哑师范传习所

张謇在运行其所创慈善机构的过程中，秉持的一个核心理念是注重教养结合。1916 年 11 月 25 日张謇在南通盲哑学校开幕会的演说中，提到南通盲哑学校创设目的在于"其始待人而教，其归能不待人而自养，故斯校始在教育之效，而终在收慈善之效"[②]，就是希望通过教和养，逐步使得盲哑人能够自养。南通盲哑学校创立之前，中国只有少数几所由外国传教士兴办的盲哑学校，张謇开创了中国慈善教育的新局面。

南通狼山一带乞丐众多，张謇深感影响地方形象。在对这些乞丐的情况进行认真考察后，他认为可以分为两类。一类是真穷而无告者，即贫穷而无处述说的，也就是无依无靠的；另一类则是不穷而以为营业者，把乞讨作为营生手段。那些贫穷的人的确值得怜悯，至于职业乞丐，不啻诡薄无耻之人，这样的人多了，是地方上羞愧的事情。

---
① 张謇：《第三养老院开幕演说》，《张謇全集》（4），上海辞书出版社，2012，第 508 页。
② 张謇：《狼山盲哑学校开幕会演说》，《张謇全集》（4），上海辞书出版社，2012，第 350 页。

张謇由是设计建立残废院，考虑到盲哑人是残疾人中特殊的一类，"其罹天罚之酷，尤为人生之大憾"①。不过盲哑人的缺陷，在于眼睛和耳朵。至于眼睛和耳朵之外的身体器官，跟正常人一样自然存在，其功能与生俱有。盲哑人需要救济的，只是眼睛和耳朵，此外智力和能力的提升，都可以通过教育来解决。

1903年6月15日，正在日本考察的张謇参观京都盲哑院。张謇目睹盲人学习字母、算术、按摩、音乐、历史和地理，聋哑人学习绘画、裁缝、刺绣、手语和体操。感慨一名哑生绘画"楚楚可观"，张謇出资购买其中一幅山水画。一名盲生能够熟练地用针在小长方的铜范中刻写字母，张謇奖励他一元。根据惯例，张謇与同行的另外两个人，各自捐助盲哑院十钱。

京都盲哑院之行，让张謇产生"入其校者，使人油然生恺恻慈祥之感"②，他感慨教育家能够以人事补天憾，其功实巨。张謇认识到盲哑学校的重要性，理应作为慈善教育的一个方面。问题在于当时的中国，不盲不哑之人民，尚且无法平等拥有受教育权利，何况处于弱势的盲哑人？

光绪三十三年（1907）三月，张謇曾致信江苏按察使朱家宝，希望朱家宝能慷慨解囊，资助设立盲哑学校，但是没有效果。1911年8月10日早上，张謇从天津至上海途中，所坐"安平"船临时停泊在烟台，他派许德润与束劭直登岸，参观盲哑学校。1912年3月31日，张謇写下《感言之设计》，对于南通普及教育、公共卫生、大兴实业、推广慈善等四个方面进行规划，其中提到："盲哑学校须一万五千圆。"③1912年8月9日晚，张謇乘"大和"从上海回南通，他在日记里记载："规建医院、残废院、盲哑学校。"④

---

① 张謇：《狼山盲哑学校开幕会演说》，《张謇全集》（4），上海辞书出版社，2012，第350页。
② 张謇：《致朱家宝函》，《张謇全集》（2），上海辞书出版社，2012，第213页。
③ 张謇：《感言之设计》，《张謇全集》（4），上海辞书出版社，2012，第237页。
④ 张謇：《柳西草堂日记》，《张謇全集》（8），上海辞书出版社，2012，第742页。

兴办盲哑学校，张謇秉持师资先行的原则。1912年张謇在《筹设盲哑师范传习所之意旨》①里提及，他阅读西方人编纂的人口调查册，统计数据为每1千人中有盲哑2人，如果以此推论，中国4万万人里，大致有80万盲哑人。要给这么多盲哑人提供教育，得需要多少教师？中国盲哑师资匮乏，是不是只能聘请来自西方的教师呢？问题是外国教师远道而来，不仅薪酬高，也不是轻易能招聘到。外籍教师来了，是不是一定适合学校的要求呢？况且各地方言不同，客观上也影响教学效果。盲哑教师与普通教师还有一个很大不同之处，"盖盲哑教师，苟无慈爱心与忍耐心者，皆不可任"。由此张謇决定先期举办盲哑师范传习所，在学员中挑选合格人才，并提供实习机会，来测试他们是否具备慈爱忍耐心以及其程度如何，这样才不辜负那些可怜的盲哑人。

据马建强《中国特殊教育史话》②和王秉衡《南通私立盲哑学校概况》，1915年盲哑师范传习所在南通博物苑内谦亭开办。张謇礼聘烟台启喑学馆教师毕庶沅、北京瞽叟通文馆教师崔文祥为传习所教师。学制一年，第一期招收师范生王秉衡、顾宏引、王振音等12人。南通盲哑学校开办之时，其中9位师范生毕业，成为南通盲哑学校教师。传习所教师毕庶沅、崔文祥被张謇留任，毕庶沅为主任兼哑科主任，崔文祥任盲科教员。毕庶沅1917年12月辞职，崔文祥1918年12月离通。

五、盲哑学校

为了使盲哑之儿童，不至于贫则乞食，富则逸居，张謇由理想而计划，由计划而筹备，自无而有，从1914年开始兴工建筑校舍，到1916年11月25日南通盲哑学校开校，历时两年。当时，中国除外国传教士开设的少数几所盲哑学校外，

---

① 张謇：《筹设盲哑师范传习所之意旨》，《张謇全集》（4），上海辞书出版社，2012，第239页。
② 马建强：《中国特殊教育史话》，新华出版社，2015。

南通盲哑学校校舍

还没有国人自办的。

面对前来祝贺的来宾，张謇阐述了其理想和展望。他说，中国没有机会接受教育的，难道单单就是盲哑人吗？贫困无助需要救济的难道只是盲哑人吗？如果盲哑人都能通过教育，获取一定的知识和技能，那么健康的人都是可塑之才。盲哑人都可以凭借获得的知识和技能养活自己，不盲不哑的人，更没有理由坐等救济。如果人人都能通过受教育而自养，则人人都为社会事业提供帮助，这就超越了慈善教育的最低目的。张謇希望通过南通盲哑学校的设立作为示范，来推动教育事业发展，使人人都有受教育机会，进而有益于社会，从而提升社会文明水平。

南通盲哑学校位于狼山东北麓，与残废院在一个院落内，南半部为残废院，北半部为盲哑学校。盲哑学校的创立经费，除了由张謇和他三哥张詧投入外，还得到爱心人士大力支持。南通余西的瞿仰之捐助6000元，常阴沙的顾淑基病危时捐田100亩约值万元。因此，南通盲哑学校开幕时，尚剩余千余元捐助资金。张謇表示年内和来年春天，这笔钱勉强能够维持学校运行，即使不够，他和张詧也会尽力筹措，但来日方长，还需要拜托各位关心。之后，张謇多次登报鬻字，部分所得用于南通盲哑学校。

根据1917年1月26日《时报》刊登的一则南通盲哑学校招生广告，可以了解到，学校宗旨在于"造就盲哑俾能自力谋生"，招生对象为10岁以上15岁以下，盲部学习凸字、科学、音乐和手工，哑部学习音学、语言、科学、农艺和手工。在王秉衡撰写的《南通私立盲哑学校概况》中，阐述了盲哑教育的目的是："1.教盲的人识字、哑的人说话，供给他适应生活的知识。2.把分利的盲哑，养成一种技艺，做生利的国民。3.增进盲哑享受社会娱乐的幸福，以减少他单调乏味之生活的苦痛。"[①]总而言之，通过教育让盲哑人成为独立、自立的国民。

[①] 王秉衡：《南通私立盲哑学校概况》，《中华教育界》，1929年，第17卷第10期，第1页。

南通盲哑学校哑生在上课

1921年，菲律宾华侨教育会和教育研究会，组织考察团到中国，先后在上海、杭州、南通、苏州、无锡、镇江、南京、天津、北京、太原等地考察教育。考察团记有详尽日记，关于南通盲哑学校，有这样的记载：

盲哑学校校舍宽敞，有盲生九，哑生十六。盲生于课余之暇，或从事音乐，或从事手工，自得其适。若不知有无目之苦者，教育有以陶镕之也。各生以针代笔，以指代目。教员先语一生，写"今日菲律宾教育参观团到此"，另呼一生读之，与所写者字字相符，可谓盲于目，不盲于指。①

值得关注的是，1925年上海发生五卅惨案。南通盲哑学校师生素食，用省下来的钱支援上海工人。同时，学校还"组织讲演团，至各处演说、劝捐"，共得"银圆二十八元、小银币二十四角、铜元三百七十六枚"，于7月寄到上海总工会。②

据《南通私立盲哑学校概况》记载，盲哑学校历届学生共68人，本省56人，

① 顾文初、余柏昭、刘春泽合编：《菲律宾华侨教育考察团日记》，上海中华书局，1929，第128页。
② 王秉衡：《南通私立盲哑学校概况》，《中华教育界》，1929年，第17卷第10期，第3页。

外省 12 人，分别来自广东、安徽、河南、福建、浙江、山东和江西。南通盲哑学校自第一届至第五届，共毕业 29 人，其中盲 7 人，哑 22 人。部分毕业生去向：盲部有 3 人留校执教，1 人任南京盲哑学校教员，1 人在上海西门瞎子院教手工；哑部有 1 人留校教手工，2 人充当吴县聋哑学校教员，1 人任南京盲哑学校教员，3 人供职商务印书馆，1 人在南通新华皂厂服务，3 人在店铺里做账，1 人充当书记员，还有 1 人升学上海美术专门学校。在校学生，不仅能编织，还能做藤器，使得这些被当时社会视作"废人"的盲哑孩子，能自食其力。①

六、贫民工场

1912 年 11 月 1 日，北洋政府在北京召开临时工商会议，原定一个月的会期又延长了 5 天。根据与会代表提议，临时工商会议通过了《设立地方贫民工场案》。1913 年 5 月 29 日，北洋政府工商部咨各省民政长，要求各地提倡设立贫民工场："国民生计日蹙，由于无业者多，教养兼施，端资工厂。地方设立贫民工场一案，业经临时工商会议议决，自应实力提倡。"②

随后，张謇用担任两淮盐政总理所获薪酬，在南通、东台、仪征设立了三处贫民工场。张謇于 1911 年 12 月 19 日赴任两淮盐政总理，1912 年 11 月 24 日卸任。张謇独子张孝若在《南通张季直先生传记》里提到："门份内极应拿的最少数的公费，依照从前总督兼盐政的规定，共总应有六万六千元，我父后来拿是拿了，可是拿来就办了南通、东台、仪征的三个贫民工场。哪晓得钱还是不够，我父自己再增助些，方才成立。"（1916 年张謇致夏辅宜函中，提及为 7 万余元）这符合张謇的金钱观："人单单寻钱聚财不算本事，要会用钱散财。""一个人

---

① 王秉衡：《南通私立盲哑学校概况》，《中华教育界》，1929 年，第 17 卷第 10 期，第 9 页。
② 《工商部咨各省民政长转令所属提倡设立地方贫民工场文（附原案）》，《政府公报分类汇编》，1915（34），13 页。

的钱,要从我的手内拿进来,再用出去,方才算我的钱。不然还是人家的钱,或者是箱匣里边的钱。""有钱人的势焰,实在难受,所以我非有钱不可。但是那班有了钱的人是一毛不拔,做守财虏,我可是抱定有了钱,非全用掉不可。"张謇所说的用钱,主要是指用于慈善公益的捐赠。

南通贫民工场设在西门外大码头,内设竹木、藤漆、皮革、织布、雕刻、缝纫等科目。据《二十年之南通》记载,贫民工场先收本地贫民子弟,然后及于外地,年龄在13~18岁之间,体格强壮,条件是家中赤贫,无力营生。贫民工场延聘工师,根据工徒的悟性和爱好,传授一门技艺。工徒能够独立制作器物,不需要师傅修补就能出品,经过场长考核会给予毕业证书。毕业后,工徒须在贫民工场义务劳动一年,才可以外出就业,或者被推荐到他处做工师。如果工徒愿意留在贫民工场工作,则会根据其技艺高低发给工资。

张謇非常关注贫民工场生产的器具质量、成本核算和市场接受度。1914年初,他在北京给南通贫民工场负责人商笙伯写了一封信[1],信中写道:北京八旗贫民工厂生产的麻棉混织布,花色极佳,准备选购三五匹寄回南通备用。张謇认为这种布的价格比同档次的洋布便宜,南通贫民工场采用的话,可以节约成本。他还在信中描述,在北京见到外国木器仿制品,坐垫中用乱棕或片棕充填,因为棕有弹性,感觉不错,尤其是乱棕,所以张謇希望商笙伯可以借鉴。贫民工场四周隙地,可以种植棕榈,树秧可以向博物苑、农场、苗圃索取。1918年,张謇给郭礼徵、曹秉仁的信中[2],提及南通贫民工场生产的藤器和竹器,由于质量上乘,销路不错,需要继续保持原材料的质量以及合理的价格。他还希望郭礼徵、曹秉仁替其了解一下市场上各种藤料的批发价。

---

[1] 张謇:《致商笙伯函》,《张謇全集》(2),上海辞书出版社,2012,第434页。
[2] 张謇:《致郭礼徵曹秉仁函》,《张謇全集》(2),上海辞书出版社,2012,第684页。

为解决盐区贫民生计，张謇计划在南通、东台、仪征三处设贫民工场，专收贫困子弟，教习各种工艺技术。南通贫民工场于1914年建成。

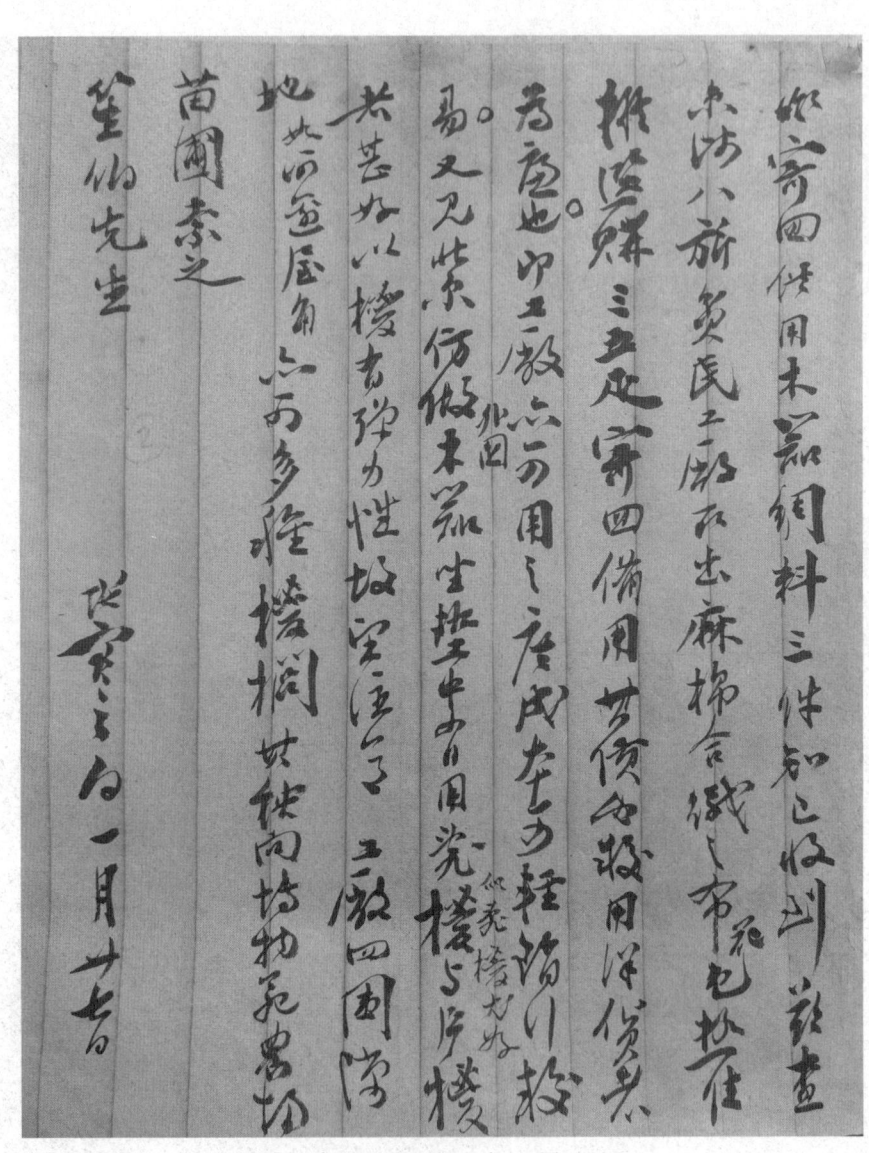

张謇致商笙伯函，原件藏南通市档案馆

南通贫民工场生产的部分产品

随着南通贫民工场产品的逐渐精进，张謇写信给管家许泽初，吩咐他"通贫民厂所作木器极佳，拟不另买矣。汝来，为买小篦两把"①。张謇的密友赵凤昌的儿子赵叔雍婚礼在即，张謇送上的礼物，就是在南通贫民工场定做的。在1916年11月23日致赵凤昌的信中，张謇不无欣慰地说："南通贫民工场缂丝、藤竹二科，于美术殊能研究，成品亦颇精雅。兹特令合制挂屏、帐衔二种，用佐新房之饰。"②张謇与赵凤昌交谊多年，能够选用贫民工场出品作为赵叔雍的新婚贺礼，足见他对贫民工场的肯定。

---

① 张謇：《致许泽初函》，《张謇全集》（3），上海辞书出版社，2012，第1571页。
② 张謇：《致赵凤昌函》，《张謇全集》（2），上海辞书出版社，2012，第621页。

南通贫民工场内景

张謇设立贫民工场的最终目标，还是通过教养兼施，使贫民子弟掌握一门技艺，能够自立于社会。1916年，张謇多方致函，希望有人伸出援助之手，资助贫民工场。在致夏辅宜的信中①，他写道，"下走不敢独为君子，而又不忘始事之初心，故为此请"，期待有能力的人士理解他创办贫民工场的初心，一同出力，只有这样，才能够"救场中垂绝之危，竟工徒将成之学，俾以后日渐进于自立。"

---

① 张謇：《致夏辅宜函》，《张謇全集》（2），上海辞书出版社，2012，第590页。

第四章 张謇鬻字与慈善

鬻字，是张謇人生中的重要一页。

带着状元的光环，更因为兴办实业、投身教育和慈善事业而蜚声全国，张謇鬻字吸引了很多人瞩目。按照张謇1908年1月31日起草的《张謇鬻字字婴启》说法，"仆字本不鬻钱，有时借逃人役则鬻，有时营实业乏旅资则亦鬻，年来鲜暇，不复为。今发起通州新育婴堂……而以鬻字之钱当所育婴"。①张謇鬻字主要是解决其创办的慈善机构的经费不足问题，张孝若在《南通张季直先生传记》中写道："关于地方慈善，我父又先后创办残废院、盲哑校，经费艰难，没有来路，于是我父自己卖力写字，得钱就来维持这二处。"②张謇批量鬻字一直持续到1924年，这年的9月29日张謇"鬻字告终以诗记之"。下文根据南通市档案馆所藏大生驻沪事务所（简称大生沪所）张謇鬻字账本、致濠南别业鬻字信底、会计档案杂户账中的鬻字账目，以及与鬻字相关的张謇文稿、日记、诗词、报纸广告等，分析张謇鬻字的原因、经过、资金流向及其组织管理。

一、鬻字原因

张謇鬻字，以1908年为界，之前是零星而为，之后是系统进行。张謇的演说、日记和自订年谱中，对鬻字情况有零星记录，较早的几次，鬻字都是为了解决旅费缺乏问题。其中最早的记载，见1907年8月31日张謇在大生纱厂第一次股东常会上的报告："旅沪不忍用公司钱，主于友人，卖字自给。"③这是在张謇集资遭遇困难，经济拮据情况下的无奈之举。根据这段文字在报告中的位置，这次鬻字发生在1897年8月16日张謇、盛宣怀和江宁商务局签订官商约款，约定分

---

① 张謇：《鬻字字婴启》，《张謇全集》（5），上海辞书出版社，2012，第114页。
② 张孝若：《南通张季直先生传记》，中华书局，1930，第225页。
③ 张謇：《总理报告经理本厂十二年历史》，见《通州大生纱厂第一次股东会议事录》，南通市档案馆馆藏档案 B402-111-0470。大生纱厂为张謇在南通创办的第一家企业，名称先后有变化，为行文方便，本文一律称为大生纱厂。

领官机，分设通、沪两个纺纱厂之前。

张謇有确切时间记载的鬻字，是1897年11月8日，这天的日记记录："旅费不足，卖字。"啬翁自订年谱则记为："十月，以通厂集资事至沪，旅费乏，鬻字。"张謇是10月30日到上海的，次日与盛宣怀会晤，大概是讨论分机事宜。11月2日晚间上吐下泻，直到11月5日才稍能进食。这次上海之行，主要是安排"威靖"兵轮把大生纱厂分得的官机运往南通，以及与曹协顺木作议定大生纱厂建造费用。

1898年6月21日，张謇在北京销假，盘缠遇到尴尬，"为人作书。旅赀已竭，赖卖字得二百金"。《啬翁自订年谱》则记载为："五月，旅费竭，卖字二百金即止。"

1908年2月15日，《张謇鬻字字婴启》在《时报》刊登[①]，标志着张謇开始以慈善为主要目的的鬻字。"鬻字字婴"指通过鬻字，为南通新育婴堂的婴儿筹集资金。新育婴堂是张謇在学习、借鉴上海土山湾孤儿院慈善和半工半读相结合的模式基础上，创办的教养结合的新型慈善机构，也是张謇在南通兴办慈善的开端。

1906年，张謇在唐闸创办新育婴堂。该堂购地、建屋、置具等开办经费，共用银2.34余万两，其中张謇、张詧兄弟捐助四分之二，大生纱厂各位执事捐助四分之一，官府划拨义渡沙滩价占四分之一。

《张謇鬻字字婴启》解释鬻字的初衷，在于新育婴堂经费不足。"自三十二年九月开堂，至三十三年十二月初，收婴逾千数。原有经费仅银元四千，而用逾二万"，资金缺口越来越大，婴儿又不断送来，长此以往难以为继。张謇决定"仆不自尽其力，无以对凡应募之人，而确为之所自尽者，惟有鬻字。拟自三十四年

---

① 《张謇鬻字字婴启》，1908年2月16日起在上海《神州日报》连载，3月8日起在南通《星报》连载。

正月元旦始，凡欲仆作字者，请皆以钱。钱到登记，字成即交，按季鬻满五百元即止。仆字不足道也，而以鬻字之钱当所育婴，百余婴之命绕于仆腕"。张謇希望能用自己的手艺为弃婴求得生路。

张謇对于鬻字的态度，可以从1917年3月25日《通海新报》上刊登的张謇致黄炎培信中进一步感知。①张謇在鬻字书法作品上，加盖"鬻字私印"，而且早在为南通新育婴堂鬻字时就曾启用。估计是引发了购买者的不满，黄炎培写信劝说张謇不再用这个印章，"以合社会心理"。对于黄炎培的善意提醒，张謇告诉黄炎培，他已经听到这种说法好几个月了，如果停止用鬻字印章能换来更多的钱用于公益事业，何乐不为呢？因此有两三个月没用了。借助这个话题，张謇阐述他对鬻字的认识，刊登在报纸上，也是广而告之。

张謇首先认为，人世间最坦荡和正当的"取与之道"，即交换法则，是用劳力换取金钱。张謇举了沈葆桢鬻字的例子。清末名臣沈葆桢以清廉著称，1865年在江西巡抚任内因母亲去世丁忧。何刚德《客座偶谈》卷四记录沈葆桢回乡后鬻字的情形："沈文肃自江西巡抚丁忧归，鬻字为生，每书一联，仅取润资四百文。及起服后，升两江督，始致书友人，谓今日皮衣方稍全备。"②后来一位刘姓浙江巡抚，与人提到这件事，指责沈葆桢故意通过鬻字来表现廉洁，博取名望，显示朝廷对大臣照顾不周。那时刘某官场罗致，已经百万多雪花银。张謇讽刺刘某，如果按照这种逻辑，以当官致巨富就是忠于朝廷了。张謇评价说，鬻字就是通过自己的劳动换取钱财，买字的人是以金钱酬报劳动的价值。鬻字出力的人没必要因为受雇佣而心生羞耻，出钱的人也没有什么值得夸耀的地方，彼此各取所需而已。

其次，张謇解释鬻字的原因，是通过劳作来换取别人的闲钱，累积起来帮助

---

① 张謇：《致黄炎培函》，《张謇全集》（2），上海辞书出版社，2012，第625–626页。
② 何刚德著：《春明梦录·客座偶谈》，上海古籍书店，1983年影印。

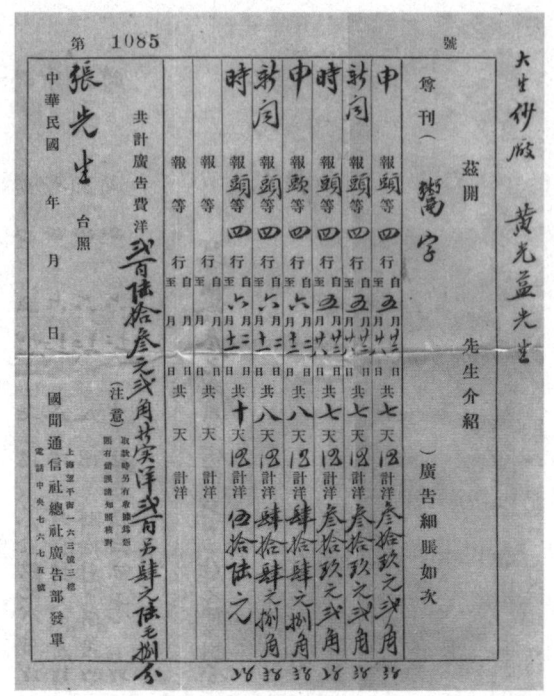

1924年国文通讯社广告部开具的在上海报纸刊登张謇鬻字广告的收据，原件藏南通市档案馆

自己做一些有益于社会的事情。张謇自己觉得心安理得，给钱的人也能够理所当然获取张謇的书法作品。对于这种公平交易，张謇保持着坦然的心态，也坚持着一份傲骨，这一点可以从他的鬻字广告中"折页不书劣纸不书""来文未尽善者不书"体味到。

张謇进而感慨，其他物品都可以购买，为什么有的人认为书画作品"非买得为贵"？即使是用钱买来的，有的人也讳莫如深，绝口不提来源，难道不是自欺行为吗？张謇觉得不盖鬻字印章，虽然可以增加收入，但内心不安，不如实实在在明确出力者和出钱者为好。尽管如此，考虑到来年要做的公益事业还很多，免不了借助鬻字筹一部分钱，张謇希望黄炎培能够出出主意，了解社会上的意向，怎么才能多鬻字。

二、过程和资金流向

1908年后张謇鬻字，总体为三个阶段，分别是1908年至1909年、1915年至1919年、1922年至1924年。由于张謇在南通当地鬻字所得没有留下原始档案，因此本书对鬻字收支情况的分析，只能根据大生沪所留下的上海方面的账目进行。

第一阶段鬻字，主要是为新育婴堂筹款。《张謇鬻字字婴启》刊登不久，1908年3月28日，张謇作《鬻字改例启》①，主要内容为："鬻字字婴，始意也。通州师范学校附属之博物苑购求陈列品，亦苦无资，又有从求留学费者，不知仆负任之力固已尽也。无已，则倍鬻以济之。春季所鬻，得已逾千，人事卒卒鲜暇，顷姑截收夏季。"

在补助新育婴堂的同时，张謇又需要资助南通博物苑和帮助准备留学的学生筹措学费，无奈社会负担太重，只能加倍鬻字，来应付各方面求援。据大生沪所戊申年（1908）《同人杂户》账内"鬻字字婴"分项，3月20日支付育婴堂第一笔捐款500元，同一天"交博物苑修馆舍洋200元"。②说明早在《鬻字改例启》拟就之前，张謇已经把鬻字所得资助南通博物苑。

---

① 《张謇鬻字改例启》，1908年3月28日起在上海《时报》《神州日报》连载，5月10日起在《星报》连载。
② 《鬻字字婴》，南通市档案馆馆藏档案B401-311-0120《同人杂户》。

戊申年大生沪所代办张謇鬻字账[1]

收			支		
日期	金额（元）	备注	日期	金额（元）	备注
正月廿三	300		二月十八	500	交育婴堂
二月初七	260			200	交博物苑修馆舍
十三	130		三月廿二	50	
廿五	100		廿九	80	
三月初一	100		四月廿	500	交厂划交育婴堂
初九	150		廿三	161.6	会（汇）贺莲青笔款合京平银一百十六两
廿二	130		廿四	40	送全秉薰有收条
四月初四	200		五月廿二	40	
廿	60		六月初一	100	季公送殷秋甫
五月十六	140		十七	22.5	寄尊素堂26号白铁皮十五张
卅	2.45	王一亭找还笔款余尾并税		40	博物苑稷地毡二百尺
六月十八	0.2	白铁皮款退		6	又二号门棕毡两块三元、地毡钉十打三元
正			廿六	9.6	寄尊素堂□布一匹、洋纱二匹
				0.75	周亨手扫帚十把、洋火十包
			五月卅	2.45	冲王一亭上收
六月底止结欠洋180.25元					
七月初五	80		八月十五	20	

[1] 本表根据南通市档案馆馆藏档案B401-311-0120《同人杂户》中"鬻字字婴"账目整理。

收			支		
日期	金额（元）	备注	日期	金额（元）	备注
八月十二	80		十月十六	20	阿顺
九月廿六	70		廿一	14	四先生皮马褂
十一月十四	100		十一月初五	70	孔手
十二月十二	50		廿一	200	交陈子常石料款
廿八	30		廿五	22	许手代季公还珠皮袍款
止			廿六	4.46	季公绒靴一双二元四角六分、灰鼠四个二元
				8.3	又品级八副四元八角、外口关税、装工三元五角
			十二月十八	10.8	寄通黄砂、绿砂五吨
				5.5	又驳力、船力、小工力
除夕结欠洋145.31元					
				1000	由通厂拨育婴堂
再结共欠洋1145.31元					
过入新册杂事簿上					

由《戊申年大生沪所代办张謇鹭字账》可知，戊申年上半年张謇鹭字相对较多，共收入1570.2元，开支洋1750.45元，到六月底结欠180.25元。支出中，先后两次交新育婴堂500元，合计1000元；交南通博物苑246元。下半年鹭字收入明显减少，仅410元，开支375.06元。从支出途径看，石料款200元、黄砂、绿砂5吨，运输砂的驳力、船力、小工费用5.5元，应该是支付南通博物苑建筑

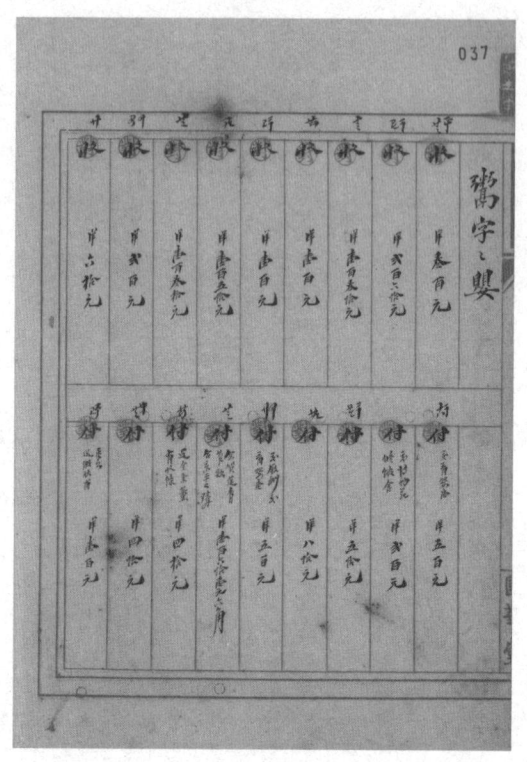

1908年大生沪所《同人杂户》账目的张謇"鬻字字婴"分项（局部），原件藏南通市档案馆

材料及运输费。另有少量费用是张謇个人开支，如皮马褂14元、珠皮袍22元。到戊申年除夕，张謇鬻字账目结欠145.31元。张謇承诺每个季度捐助新育婴堂500元，下半年的1000元尚未支付，账上已经透支，只好向大生纱厂借款1000元，最终戊申年张謇鬻字账目结欠1145.31元。

按照张謇的设想，"鬻字字婴"为目的的鬻字，戊申年冬季截止，"乃年终决算，婴堂收婴千五百名，一切撙用尚需三万圆有奇，除原有常费及他项罗掘外，负债二千余圆，乞灵缣素，尚不能已。今拟续鬻，一切仍照旧例，按交纸先后，挨号奉书"。①育婴堂本身没有经费来源，维持需要外界注资，作为发起人，张謇还得继续支持，而鬻字成为有效的方式。己酉年（1909）继续鬻字，还跟上年鬻字收入不及预期有关，至少亏欠的钱需要补上。

1909年张謇鬻字收入2355.68元，支出1289.3元。支出中包括"拨通厂洋壹千元"，按照张謇鬻字的本意，这笔款项应该是大生沪所将1000元拨付到大生纱厂账户，再由大生纱厂交给新育婴堂，而不是把鬻字费用给大生纱厂。戊申年鬻字账目里，大生纱厂1000元垫资，是"由通厂拨育婴堂"，因此这样的拨款渠道也是合理的。己酉年的其他支出主要是鬻字所用磨墨费17元、登报费28.8元，以及少量其他费用，如资助图画学校50元、购物40.5元。年终结欠78.93元。②

庚戌年（1910）张謇继续鬻字，收入484.48元，支出153元（主要是磨墨费），年底积存252.55元。③从1908年到1910年，张謇先后分4次拨给育婴堂3000元。1911年至1914年，大生沪所张謇鬻字账目未见收入和支出变动。

张謇鬻字第二阶段，主要是为南通残废院、盲哑学校和其他公益事业筹款。1912年8月9日晚上，张謇乘坐"大和"号轮船从上海回南通，这天的日记里记载有"规建医院、残废院、盲哑学校"。残废院和盲哑学校是张謇在南通规划慈善公益事业的重要组成部分。残废院和盲哑学校选址狼山东北麓，建筑为一个院落，南半部为残废院，北半部为盲哑学校。这个阶段鬻字，从乙卯年（1915）开始，一直到己未年（1919），而登报则始于丙辰年（1916）。1916年1月8日起，张謇在南通《通海新报》连载《张謇为残废院盲哑学校鬻字启》："仆于前清光绪三十二年，曾鬻字字婴矣。鬻之二年，人事大冗乃辍。今残废院、盲哑学校，

---

① 张謇：《鬻字字婴后启》，《张謇全集》（5），上海辞书出版社，2012，第126页。
② 《鬻字》，南通市档案馆馆藏档案B401-311-0155《杂户》。
③ 《鬻字》，南通市档案馆馆藏档案B401-311-0186《杂户》。

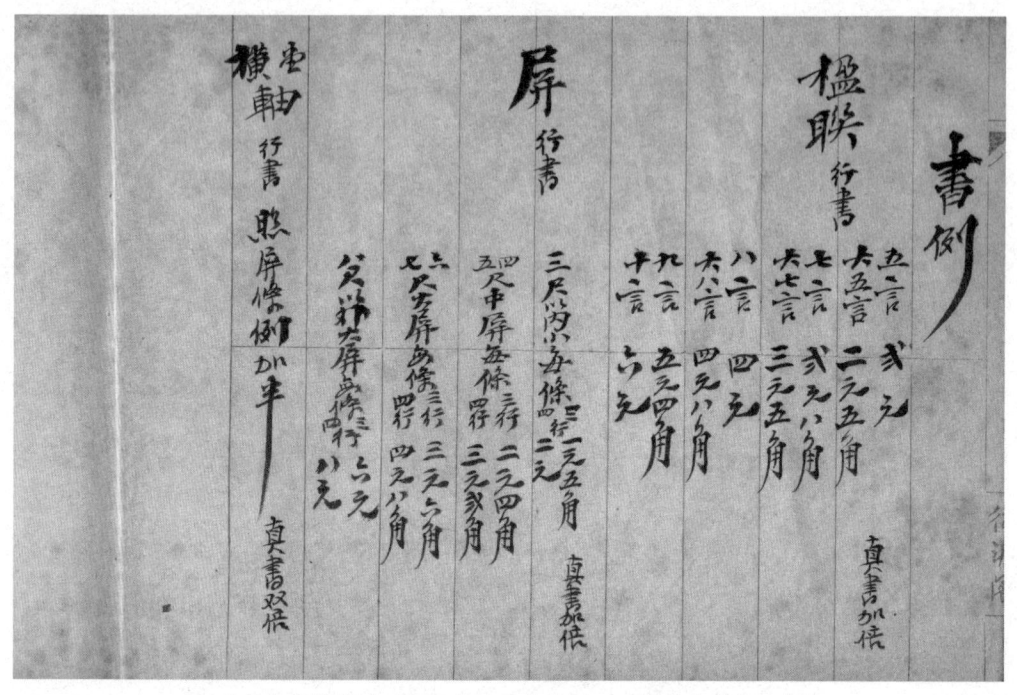

1910年张謇鬻字清册中记载的鬻字润例，原件藏南通市档案馆

建筑甫竣而开办费绌，豫计岁支前三年亦需五六千元，旦旦而救人之助，不足济缓急也。而仆之力用于教育慈善事者，又以途多而分。无已，惟再鬻字。"①1月24日《申报》刊登同名启事，内容基本一致。1917年3月25日《通海新报》刊登《继续鬻字启》，收件处为上海的大生沪所和南通的濠南别业。②

　　张謇鬻字的第二阶段，远比第一阶段劳碌，收支也超过第一阶段。其中，1916年鬻字收入5786.135元，用于慈善公益方面，主要为残废院2139.33元（通过通分销拨付，通分销即大生纱厂的南通分销所）、商业学校1000元（通过源

---

① 张謇：《为残废院盲哑学校鬻字启》，《张謇全集》（5），上海辞书出版社，2012，第167～169页。
② 张謇：《继续鬻字启》，《张謇全集》（5），上海辞书出版社，2012，第180页。

昌福）、上海启明女校 1000 元（通过陆伯鸿）、南通贫民工场 100 元（通过朱珊源）等。① 支出最多在丁巳年（1917），为 10053.32 元，其中分别于 3 月 6、7、8 日，通过通分销拨付 4000 元、2000 元、4000 元，合计 10000 元。② 由于 1917 年上半年鬻字收入仅为 1002.26 元，所以三次支出 10000 元，其实大多是大生纱厂垫款。之后两年鬻字收入主要用于归还旧欠，至己未年结欠 6828.39 元。

第三阶段鬻字，开始于张謇在 1922 年 7 月 12 日《申报》头版刊登《张謇鬻字》启事："南通前年歉，去年灾，农饥商疲，而金融滞。下走岁入大觳，而所负地方慈善公益之责，年费累巨万，无可解除，亦无旁贷也。求助于人必无济，无已，惟求诸己。往者尝以慈善事一再鬻字有例矣。鬻字犹劳工也，忽忽十余年，今政七十，宁复胜劳？然无如何！"鬻字收件处为大生沪所。1923 年 6 月 24 日《申报》、1924 年 5 月 25 日《通海新报》上鬻字广告中，注明收件处为大生沪所，南通则在淮海实业银行。

纵观大生沪所张謇鬻字账户，壬戌年（1922）后竟然没有体现任何收支情况，始终是结欠 6828.39 元，原因待考。癸亥年（1923）张謇鬻字账户改为规元计数，为 4916.441 两，最终在乙丑年八月廿八日（1925 年 10 月 15 日）记载"六月底收转一厂支销"，③ 即由大生纱厂承担张謇的结欠。但鬻字事实上一直进行中，张謇日记、信件中有少量记载。1922 年 7 月 10 日日记记载："鬻字以是日始"，18 日"始以鬻字作书，以后排日书必三十许件或二十余件"。在 1922 年给诸宗元的信中，张謇提到鬻字，自觉苦中有乐："今年卖字一月，可得二万余元。须写三月方可竣事，亦颇觉苦。而支配各慈善、教育常支，尚虞不足。为此劳

---

① 《鬻字款》，南通市档案馆馆藏档案 B401-311-0465《杂户》。
② 《鬻字款》，南通市档案馆馆藏档案 B401-311-0531《杂户》。
③ 《鬻字款》，南通市档案馆馆藏档案 B401-311-1158《杂欠》。

残废院老人合影

工,亦自乐也!"①民国十一年(1922)十月,张謇给张孝若的信里提及:"卖字之书,二三日内可了,收入万二三千,已用了,一笑。"②1924年9月29日张謇日记记载:"鬻字写竟。鬻十五日,得直七千六百圆,写六七十日。"从这些零星记录可知,张謇鬻字的工作量依然很大,收入依然可观。

三、组织管理

1908年开始,张謇以类似公司运作的组织形式进行鬻字。主要体现是在上海刊登启事,由大生沪所专人收取润笔费后,根据客户要求,把所需撰写的内容和纸张送到南通,张謇写好后递送到上海,再转交客户。张謇在南通也接受订单,如1908年3月8日在《星报》刊登的《张謇鬻字字婴启》里提到,"惠件请交翰墨林书局代收"。但一方面由于相关资料极少,另一方面在南通的运作相对容易,由此本文对南通本地的鬻字组织情况不作讨论。

上海是当时中国的经济和文化中心,相对来说鬻字的市场空间比较大,价格也会比他处高。况且上海有强大的辐射力,发达的报纸传媒和人们的口口相传,使得鬻字的潜在客户增多。张謇把鬻字信息主要在上海发布,还有一个便利条件,就是大生纱厂在上海设有办事机构,其前身是1896年设立的大生上海公所,负责机器和物料采购与转运、股份的募集、流动资金筹集、与上海道署和江海关的交涉,此外还承担大生纱厂来沪人员的后勤接待,以及张謇个人事务的处理。1897年大生上海公所更名大生沪帐房,1907年大生纱厂第一次股东会上改称大生驻沪事务所。尽管随着大生纱厂的不断发展,大生沪所业务日益繁忙,地位也不停提升,但其基本职能没有大的变化。在张謇鬻字的过程中,大生沪所负责在

---

① 张謇:《复诸宗元函》,《张謇全集》(3),上海辞书出版社,2012,第1087-1088页。
② 张謇:《致张孝若家书(民国十二年十月)》,《张謇全集》(3),上海辞书出版社,2012,第1563页。

上海刊登广告、散发润例、接收订单、收取款项和提交作品。

1908年2月15日《张謇鬻字字婴启》的最后，告知有需要者"件交小东门外城河浜大生纱厂帐房"。这里所称"大生纱厂帐房"，即大生沪所。光绪三十年（1904）农历四月，大生沪账房与山协森木作签订合同，"在法界东城河浜建造住宅、帐房五间"，这是大生沪所第一次在上海自建房屋。工程采用包工包料形式，约定4个月完工，工程款九八规元3800两，分四期支付。①1904年11月15日至17日《申报》和《新闻报》刊登："通州大生纱厂沪帐房迁移法界金利源后城河滨新屋"，也就是小东门外河浜。1908年大生沪所《同人杂户》账目的"鬻字字婴"分项，是替张謇代收和拨付鬻字款项的记录。大生沪所《杂户》账目，一直到1925年，始终保留有张謇鬻字款的分项。

大生沪所的《宣统二年啬翁鬻字》②，是该年（1910）大生沪所经手的鬻字细账。开头两页是"书例"，涵盖楹联、屏、堂轴、横轴、榜书、册页、手卷、扇、名刺的润例，此外志铭、碑表、盖额另议。后面的11页，记载每笔鬻字的形制、数量、书体、上款、交办人、润格，已经交款的加盖"付讫"章并注明时间，共99号。其中8号为"换赔"，39号送给朵云轩老板，84号则"墨污减润"。《宣统二年啬翁鬻字》反映的是大生沪所在上海接受鬻字订单的过程。

《丁巳沪帐房致濠南别业讯底（鬻字信底）》③披露更多大生沪所与南通之间就鬻字事宜沟通的细节。尽管这本信底的封面写为丁巳年（1917），其实内容还包括戊午年（1918），涉及己未年（1919）。讯底和信底，即号信的留底。号信是以年为时间单位两个通讯者之间的往来信件，大生沪所与大生纱厂之间就经营管理事宜，很多就是通过号信来沟通。大生沪所一般对来往号信抄录一份留底。

---

① 《大生沪帐房与山协森木作签订的建造房屋的合同》，南通市档案馆馆藏档案B404-111-0033。
② 南通市档案馆馆藏档案F001-311-0070。
③ 南通市档案馆馆藏档案F001-311-0070。

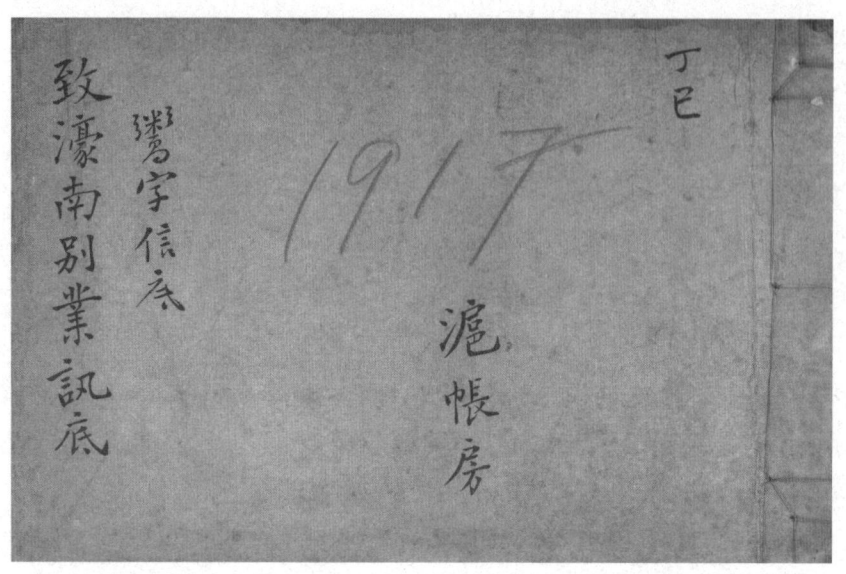

大生驻沪事务所1917年致南通濠南别业张謇鬻字信底，原件藏南通市档案馆

濠南别业是张謇在南通的住所之一，大生沪所把鬻字需求连同书写的纸张一并寄到濠南别业，由濠南别业的管家再具体安排。张謇写好后，由濠南别业寄大生沪所转交客户。

丁巳年的元号信是在1917年2月5日从上海寄出的，信中首先提道："今寄上三百六十一号至三百六十四号对纸，并根条四纸，至祈督收。"这是上个农历年度（丙辰）尚未及寄到南通的订单。2月9日的第2号信揭示，沪所收到濠南别业寄来的号信以及随信的一包鬻例。号信是一种双向交流，濠南别业方面的信件目前尚未发现，其内容只能从沪所的号信中体味。沪所在第2号信中提道："鬻例当登申、新报三天。前寄三百六十四号三尺屏四条，此屏乃东洋人所求，三月须应东京书画展览会之用，望早寄下为祷。"沪所对元号号信寄去的第364号订单做了说明，希望早日书写寄发，由客户来源可见张謇书法的爱慕者不局限于国

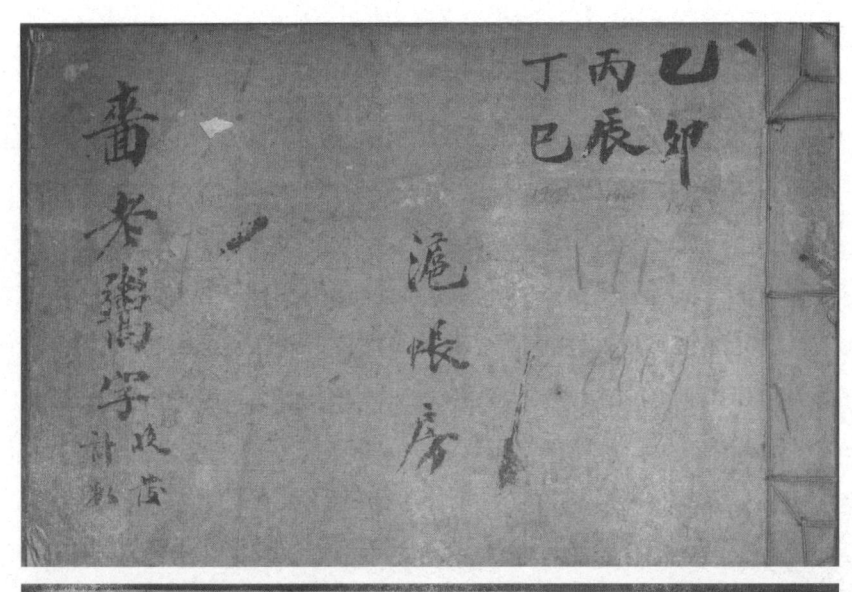

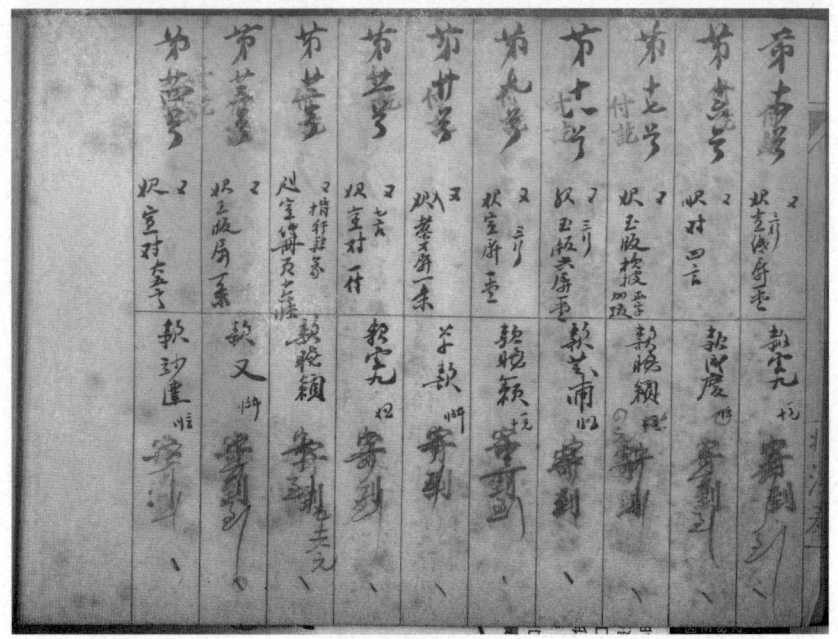

张謇1915年至1917年鬻字账本（局部），原件藏南通市档案馆

内。2月14日第3号号信提及，大生沪所通过"大德"轮船，把丁巳年的"元、二号对，根条二纸"带到南通。

8月31日大生沪所发出第21号号信，连同之前9封不列号信，至此1917年大生沪所共寄到南通30封号信。之后直到1919年4月15日最后一封，大生沪所所有给南通的鬻字信件，均没有编号，不明其原因。

南通市档案馆保存着大生沪所代张謇收取鬻字润金和墨费印制的格式收条，落款是"上海九江路大生沪事务所黄光益代收"。所谓九江路大生沪事务所，指上海南通房产公司于1920年在九江路建成的南通大厦，大生沪所于5月18日迁入其中的二楼办公。因此这批收条不早于1920年出现。收条写明，钱款收清后，"俟南通挨号书成寄沪后凭条取件"[①]。

1924年9月29日，71岁高龄的张謇终于放下鬻字之笔，并作诗一首纪念鬻字告终："大热何尝困老夫，七旬千纸落江湖。墨池径寸蛟龙泽，满眼良苗济得无。"[②] 此时南通实业在走下坡路，张謇亲手建立的诸多公益慈善机构面临困境，暮年的张謇已经有心无力，但无愧于心。

---

① 南通市档案馆馆藏档案 F001-311-0070、0071 均有收藏。
② 张謇：《鬻字告终以诗记之》，《张謇全集》（7），上海辞书出版社，2012，第356页。

第五章 后张謇时代的南通张氏慈善事业

1926年8月，天大热，张謇视察江堤，不料染上风寒，高热不退。一病不起的张謇带着事业未竟的遗憾，不幸溘然辞世。惊闻噩耗的张氏慈善团体众人均悲痛不已，分别以致送挽联等方式表达哀思①：

以一邑为全国良模，保赤并推恩，久钦堂宇春多，慈荫欣看槐满覆；
惟二老是万家生佛，汗青同著绩，忍说池塘秋惨，秾华忽痛棣先凋。

——新育婴堂

大德莫名，扣无物，指无言，涸泪瘖音悲噩耗；
教施糜极，耳能视，手能语，铭肝镂骨永哀思。

——盲哑学校

于振聋发聩而外，别具甄陶，盛德无名惟默尔；
受时行物生之化，忽惊颓坏，高天难问只潸然。

——盲哑学校王振音

乱世补苴难，剩耆硕二三，时复凋零牵大局；
阜田遗爱在，有孤寒八百，同声痛苦感私恩。

——南通第一、三养老院

是震旦旷代耆勋，膏泽万方，何止数百千里；
率淮海贫民子弟，同声一哭，不知几亿兆人。

——贫民工场职员

此外，新育婴堂余得功等人又致祭文："闻公之殁，如失其慈。有生之初，不幸流离。赖公叔季，维护及时。以乳以哺，载笑载嬉。冬不知寒，歉不知饥。

---

① 《张南通先生荣哀录》，（南通）张謇研究中心重印，2006年。《挽联》，《通海新报》1926年10月11日等期。

张謇追悼会上的人群

胜衣就傅，教之诲之。"情真意切，如泣如诉。

10月29日，南通各界追悼张謇公大会在城南公共体育场举行，全县三十个团体参加，其中，受益于张謇的各慈善机构送葬队伍颇为显眼，沪通等地媒体都曾有报道，场面感人[①]：

是日，执绋者共有万余人，以养老院之老人队、盲哑学校之学生队、育婴堂之孤儿队、贫民工场之学徒队最为观众所注目，亦可见啬老创办慈善机关之成效。闻残废院亦拟以车辆装载肢体、五官不全之人参加送葬，卒以行动不便而罢，否则此辈颠连无告之黄童白叟，聚集游行，又无异开一啬老慈善事业之展览会矣。

---

① 《张季直殡丧中花絮录（续）》，《时事新报》1926年11月10日。

其实，到了张謇晚年，由其一手创立的实业帝国已经崩塌。随着他的离世，张氏在通慈善事业更是面临诸多问题。纵观多年来有关张謇慈善事业的研究，学界把目光多集中于其在世时之作为，对后张謇时代张氏南通慈善事业的存续及发展等却极少关注。而理清这一时期张氏慈善事业的后续情况，将有助于我们全面认识张謇与南通现代慈善事业发展的历史及其与当代南通慈善的关系。

第一节　张氏慈善　专业管理

张謇时代，鉴于南通的教育和慈善事业渐次达成，所需经费较多，也是为防止张氏教育与慈善事业遭遇人亡政息之厄运，早在1921年5月，颇有远见的张謇便邀集地方各界人士，组织成立南通教养公积社，并订简章二十条，聘于振声为社长主持全社事宜，"承受（张）謇等历年捐助之财产，保管稽核，以维持及扩充教养之事业之经费"。同时，又将"捐助财产细数分类编号，另行造册"，陈请县署察核并转呈省部备案[①]。这些基本产的设立，在一定程度上保障了张氏慈善等公益事业的正常运转与发展。

张謇去世后，先后成立了有关专门机构，负责管理张氏慈善等事业。

一、成立专门组织，管理慈善机构

张謇去世后，张氏南通慈善事业的管理先后由三个机构负责，由此也相应经历了三个阶段。

一是南通自治事业总务处。张謇去世后，其遗留各项事业由张孝若主持，继续进行。为加强对自治事业的管理，1926年12月，张孝若设立自治事业总务处

---

① 张謇：《致卢鸿钧函》，《张謇全集》（3），上海辞书出版社，2012，第883页。

于濠阳路,接管张氏自治事业,张任处长(后称经理)。后聘管国柱为总务主任,于忱为视察主任,杨懋荣为事务主任①。总务处负责统筹收取捐助教育、慈善机构的经费事宜,规定此后各机关支付,不得单独向公司支取,以免系统紊乱。

张孝若(1898~1935),名怡祖,字孝若,以字行,张謇独子。据《民国人物小传》记载,对张謇创办各项事业,年轻时期的"孝若时有建献,对地方实业、教育、慈善已成,未成之事,亦时时分三伯父詧(叔俨)、乃父之忧"②。1926年张謇去世后,张孝若成为张謇事业的继承人,当仁不让肩负起张氏慈善等事业的重任,并在继承基础上有所创新。

关于自治事业总务处的成立,张孝若曾有解释:"实以各机关办事求统一之效;账目得稽核之实;庶款不虚糜,事能振作"③。总务处以三个月为一届账期造具账册。

当然,南通自治事业总务处管理机构众多,不惟慈善事业一项。如除有关学校、寺庙等,"南通原有社会教育机关,仅博物苑、图书馆、通俗教育馆、军山气象台、女工传习所、盲哑学校、公共体育场数处,除通俗教育馆、公共体育场支给县费,女工传习所津贴县费外,其余各处均由自治事业总务处经管"④。此外,1927年6月,张孝若还曾以自治事业总务处经理身份,邀集各界会商国库券认购事宜,可谓头绪繁杂。

《南通市行政局十八年一月至六月施政计划书》显示,因当年"救济事项,如养老院、栖流所、残废院、盲哑学校、济良所、贫民工厂、医院,均由地方自治事业总务处办理,经费不敷,成绩不著,殊背救济原则。本局拟依照内政部所

---

① 《自治事业进行消息》,《申报》1926年12月30日第9版。
② 刘绍唐主编:《张孝若》,《民国人物小传》(六),上海三联书店,2015,第293页。
③ 《张孝若致大生董事联合会诸公函》(1927年1月30日),南通市档案馆馆藏档案A215-112-0314。
④ 宋禀恭:《南通教育概况》,《申报》1930年4月24日12版。

颁救济院章则,实行改组"。① 后经争取,养老院、残废院、盲哑学校等仍维持私人性质,未参加改组。

二是张謇公创立慈善事业总管理处。1927年5月,北伐军占领南通。随后,张謇之兄张詧被举报为"土豪劣绅",张氏事业受到不小冲击。但张孝若对教育、慈善机构依然勉力维持,设立张謇公创立慈善事业总管理处,专门管理张氏南通慈善事业。

管理处"以维持并发展张謇公创立之慈善事业为宗旨","分养老、育婴、收养残疾、教育盲哑、传习贫民工艺五组"。管理处设11人董事会,"本处董事由张孝若以继承创立之人地位"呈请县政府核准后聘任。②

1916年张謇兄弟捐资创建南通栖流所,收留社会乞丐,培养其谋生技能。另外还辟有专室,收容精神病患者,使其不扰碍社会。图为南通栖流所表门

关于张謇公创立慈善事业总管理处的成立时间,现有资料有三种说法。一为《张謇所创企事业概览》所记1928年8月③,二为《江苏省志》所记1930年3月④。三据1948年10月《南通张謇公创立慈善事业总管理处工作概况》介绍,

---

① 《南通市行政局十八年一月至六月施政计划书》,《通通日报》1929年1月26日。
② 《南通张謇公创立慈善事业总管理处章程》,南通市档案馆馆藏档案 A215-112-0314。
③ 南通市档案馆、张謇研究中心编:《张謇所创企事业概览》,2000年5月内部刊印本,第341页。
④ 沈秉钧主编:《江苏省志》(70),方志出版社,2002,第588页。

该机构"成立于民国十八年"①，即 1929 年。经查，1930 年 8 月 8 日《申报》曾以《慈善事业总管理处成立》为题报道："通邑故绅张謇手创慈善事业刻设立总管理处，内部组织用委员制，张孝若为主席。"后有《时报》报道，管理处于 8 月 25 日"就俱乐部成立。内部组织用董事制，推定张孝若为董事，宗渭川为驻办董事。"②

张孝若秉承其父的宏谋良愿，以张謇事业继承人身份，呈请南通县政府核准成立了"南通张啬公创立慈善事业总管理处"，总管理处主要负责维持和发展张氏私立养老院、育婴堂、残废院和盲哑学校等四个慈善机构③，监督、审核各慈善机构财产而统筹分拨之，并成为代表它们进行对外联络交涉的总机构。稍后又兼管了西门大码头的贫民工场。至此，总管理处以"维持并发展张啬公创立之慈善事业"为宗旨，设有董事会，下辖养老、育婴、收养残疾、教育盲哑、传习贫民工艺共五组，分别负责相应慈善机构的管理运营。

总管理处设于养老院，由张孝若"聘请地方人士素有名望、操守可信、曾办理慈善事业著有成效者九人为董事，组织董事会，以管理监督啬公所私立之养老院、育婴堂、残废院、盲哑学校事业之推进，及筹划各项收支用途，并监督审核各堂、院、校慈善事业之财产，由董事会议决聘主任一人，办事员五人，办理一切对内对外之事务"。④据记载，总管理处由尤勉斋任主任，所管之堂、院、校等各设办事员一人，助理一人，负对内一切事务之责。总管理处还曾聘上海滩名牌律师马君硕为常年法律顾问。⑤

---

① 《南通张啬公创立慈善事业总管理处工作概况》（1948.10），南通市档案馆馆藏档案 A208-117-0177。
② 《慈善管理处组织成立》，《时报》1930 年 8 月 27 日。
③ 南通市档案馆、张謇研究中心：《张謇所创企事业概览》，2000 年，第 341 页。
④ 《南通张啬公创立慈善事业总管理处工作概况》（1948.10），南通市档案馆馆藏档案 A208-117-0177。
⑤ 《马君硕大律师受任通告》，《通通日报》1931 年 4 月 2 日。

总管理处由张孝若为首任主席董事。总管理处成立后，整理养老院、育婴堂、残废院、盲哑学校原有各基金及田产，统筹兼管，全年田租收入约合米1849.5石，另有大生纱厂和房租收入补助予以运转①。在总管理处管理下，各项慈善事业得以正常运行。

1932年9月，内政部颁行《各地慈善团体立案办法》，并制定呈请立案书表格式。1933年8月，总管理处经江苏省政府转呈南京国民政府内政部核准立案②。对此，《通通日报》曾有报道："私立育婴、养老、残废等慈善机关，经张孝若氏组织总管理处负责管理，照常维持。现已呈请内政部依照私立慈善机关规程批准立案"。③

1935年10月，张孝若意外离世。当月底，"张啬公创立慈善教育事业管理处处长（按：一称主席董事）职务，推定张敬礼担任"。④张敬礼继任后即推定各慈善机关负责人，"及时加以整刷"，力谋事业发展。⑤

慈善事业总管理处驻处董事为吴寰阶。管理处"有职员七人，勤务二人。经常管理养老院、育婴堂、残废院及盲哑学校一切事务。处产有民田苗田约四百亩，房屋两所，基金一亿元……该处尚有管理之贫民工场一所，不幸遭日寇焚毁，全部房屋器具，尽付一炬，损失颇大。"⑥

由上可见，与张謇相比，张孝若比较注重设立专门机构，整合各方面资源共同参与慈善机构管理和运营，以此避免"人存政举，人亡政息"的弊端，有助于慈善、教育机构的可持续发展。

---

① 南通市档案馆、张謇研究中心编：《张謇所创企事业概览》，2000年5月内部刊印本，第341页。
② 周秋光等：《中国近代慈善事业研究》（上），天津古籍出版社，2013，第396页。
③ 《各慈善机关行将彻底改组》，《通通日报》1933年9月25日。
④ 《张椽定期公葬》，《时事新报》1935年11月1日。
⑤ 《新江北日报》，1936年3月12日。
⑥ 南通博物苑编：《南通博物苑百年苑庆纪念文集》，文物出版社，2005，第240页。

三是教养事业复兴委员会。抗战胜利后，张敬礼等大生纺织公司及与张謇教育慈善事业有渊源的热心人士，深感"为适应国家需要，继承先人创业之精神，对于具有数十年历史及相当基础之南通教养事业，实觉有积极恢复之必要"①，遂组织成立"张季直先生手创教养事业复兴委员会"。张氏继承人及大生纺织公司董事长为当然委员，另由张氏继承人就与张謇事业"具有渊源而热心维护之社会贤达，聘请委员十五人至二十一人"，复兴委员会"以集中意见，共同致力于恢复并完成南通张季直手创教养事业之志愿为宗旨"。②由该会分户账看，复兴委员会仍通过慈善事业总管理处管理张氏南通慈善事业。③由名称亦可见，教养事业复兴委员会增加了教育机构的管理职能，就其对慈善机构的管理而言，并未取代张謇公创立慈善事业总管理处。

到1948年，慈善事业总管理处董事会改为9人制，董事仍然由张氏继承人聘请。④这体现了张氏家族在南通社会救助事业方面影响力的延续。

"张季直先生手创教养事业复兴委员会"的成立，使具有数十年历史、并具备相当基础但在沦陷时期遭受破坏的南通教育及慈善公益事业得以恢复、维持乃至发展。⑤

值得一提的是，南通张謇公创立慈善事业总管理处和张季直先生手创教养事业复兴委员会这两个机构组织，从管理运行模式看，实际上已具有近代慈善基金组织（基金会）雏形，带有若干鲜明特征，它们为维系和发展张謇创立的慈善公

---

① 《张季直先生手创教养事业复兴委员会回忆录（民国三十五年三月十七日）》，南通市档案馆馆藏档案 A215-112-0315。
② 《张季直先生手创教养事业复兴委员会简则》，南通市档案馆馆藏档案 A215-112-0316。
③ 《张季直教养事业复兴委员会分户账（3册）日记账（2册）》，南通市档案馆馆藏档案 A215-112-0055。
④ 《南通张謇公创立慈善事业总管理处工作概况》（1948.10），南通市档案馆馆藏档案 A208-117-0177。
⑤ 南通市档案馆、张謇研究中心编：《张謇所创企事业概览》，2000年5月内部刊印本，第344页。

益事业发挥了积极作用。

的确,在后张謇时代,无论是最初的南通自治事业总务处,还是其后的南通张啬公创立慈善事业总管理处以及张季直先生手创教养事业复兴委员会,都是利用捐赠的财产,以从事公益事业为目的的非营利性组织,都努力为张氏慈善事业的后续运作提供资金与管理保障。

二、寻求多方支持,勉力维持运转

慈善事业的维持及发展,都需要有源源不断的资金保障。张謇曾为张氏南通慈善事业尽心竭力,多方筹资,仍时有捉襟见肘之苦。后张謇时代的张氏南通慈善事业举步维艰,其资金来源主要依靠三个渠道支撑。

一是来自大生公司拨款。张謇时期,"退、啬二公所办之教养事业向倚大生厂之补助为生命。"[①] 当时主要采取调拨大生纱厂利润的办法来支持教育、慈善机构,该做法对维持慈善机构运转起到了至关重要的作用。但在企业经营状况不佳的情况下,这种继续直接调拨资金的做法,给企业造成了沉重负担,即便是张謇在世的时候,也曾引起部分股东异议。张謇去世后,大生"三家公司的经理联名致信董事会,对于地方公益慈善事业的提费,过去从董事长花红中抵支,建议减去花红抵支,改为各厂每成纱一箱(件)提银1元"。[②] 因此,在1926年张孝若出任大生纱厂董事长后,当年就对纱厂捐助教育、慈善机构的办法进行了调整,即改用按产量抽捐的方式。1926年12月12日,一厂股东常委全体赞成通过该方案,二厂、三厂也通过执行。依据股东会定案,大生第一、二、三纺织公司"补助地方自治费照售纱每箱抽助一元","各公司补助费均归自治总务处支配,各机关

[①] 《南通学院纺织科、南通养老院、南通残废院等致大生第三纺织公司董事会函》(1935.11.29),南通市档案馆馆藏档案 A215-112-0311。
[②] 顾纪瑞:《大生纺织集团档案经济分析(1899~1947)》,天津古籍出版社,2015,第6页。

支付不得单独向公司支取,致紊系统"。① 改革后的拨款方式,为股东对南通公益慈善的担负进行了设限,使纱厂能够根据运营状况适时调整捐助数额,增强了企业调拨资金的弹性,并且将捐助经费来源由利润转为成本,照顾了企业股东利益,提高了企业股东捐助教育、慈善事业的积极性。

随后,各公司按产量抽捐的拨款经由自治事业总务处支配,用于资助张謇创办的慈善事业。如1927年,自治总务处收大生一、二、三厂和淮海银行往来款项共计71072.479元,支付贫民工场2660元、养老院2600元、残废院(附盲哑学校)900元。1928年,自治总务处收78849.169元,支付贫民工场1920元、养老院1300元。1929年,自治总务处收64866.62元,支付贫民工场900元、养老院1000元。②

而在《海门大生第三纺织公司第六届帐略(丙寅年)》③中,就有"支南通慈善费及学费,规银一万五千三百八十四两七钱"等记录。

1930年以后,是大生企业各工厂相当困难的时期。尤其是"自四省失陷,关布形同消灭,而劣纱倾销"带给大生"以绝大之打击",致该厂"十二支纱几无去路,此三十年来未有之情形"。④1935年4月,大生公司紧缩预算,李升伯为此曾请"各慈善教育团体共体厂艰,办谋紧缩"。⑤

即便是在此背景下,各厂勉为其难,仍尽力拨款。在1930～1939年的"南通张謇教养事业管理董事会"案卷中,有各教养慈善单位的许多请领和催发助费的函件,直接反映了这个时期各自困难及其为维持事业于不坠的努力。据记载,

---

① 《南通自治事业总务处向大生第一、二、三纺织公司领款办法》(1927.1.12),南通市档案馆藏档案 A215-112-0314。
② 《南通自治事业总务处年收支帐略》,南通市档案馆馆藏档案 A215-112-0314。
③ 大生纺织公司:《大生第三纺织公司第一届至第九届帐略》,南通市档案馆藏,B403-111-0061-0001。
④ 《大生公司预算紧缩公告》,南通市档案馆馆藏档案 B402-111-0136。
⑤ 《大生公司预算紧缩公告》,南通市档案馆馆藏档案 B402-111-0136。

大生一二三厂丙寅年正月至十二月出纱统计表

厂别	全年出纱数	每月出纱平均数	每箱助费元数	备考
一厂	三八二四三.箱	三八三三.箱	三八三三.元	
二厂	一八六三.箱	一六八七.箱	一六八七.元	
副厂	四三二.箱	一三七七.箱	一三七七.元	
三厂	二三六九.箱	二一五八.箱	二一五八.元	
合计	八四五七.箱 九〇八	九〇五五.三一七	九〇五五.元	十一月闲栈至十二月止

先君所创办自治事业支配补助经费简明表

名称	每月至少数目
教育类 共十处	五千五百元
慈善类 共五处	六百元
公共事业类 共十处	四百元
总务处	五百元
10 合计	七千元

大生一、二、三厂丙寅年出纱（含助费）统计表，原件藏南通市档案馆

因受时局影响，各工厂缩减工作时间23%，所出补助费亦相应减为按原数的77%拨发。如《南通教育慈善各机关向各厂领款表》等档案信息显示，慈善机构育婴堂、残废院、养老院、贫民工场、盲哑学校1930年每月向三厂合领300元（折实数为240元），1931—1932年每月则合领281元（不含贫民工场）。①

---

① 《南通教育慈善各机关向各厂领款表》《二十年份各机关支款表》南通市档案馆馆藏档案 A215-112-0047。

因大生厂遭遇经营困境，款项拨付也曾十分艰难，张孝若为此多方协调，以维持运转。当获悉"二厂允拨教养费二千元"后，他曾在信中激动地写下"二厂二千元，真及时雨也！"①由此足见维持慈善事业之不易。

二是来自房地产收入。地产从何而来？1915年2月，颇有先见之明的张謇就曾"以南通教育、慈善须设基本产，请地十五万亩于泰属"②，并得到时任总统袁世凯的许可。1927年，张孝若在致大生董事联合会函中说："孝若决于三五年内节省各项用款，经营先君为自治事业所置基产之田地，将全部工程次第完竣，先筹草息继图垦植。数年后，自治事业经费既无竭蹶之虞，且有进展之望。至时各厂补助即当商请停止，以清股东负担。"③

除泰属十五万亩地产外，张謇慈善事业在南通各地也有不少地产，如育婴堂就四安陈酒店民田64亩，丁涧店民田16亩2分等等（《所辖四个单位（养老院、育婴堂、残废院、盲哑学校）的一些基本资料（财产清册、分单位概况、综合概况）》）。④

表1 张謇公创立慈善事业十九年（1930）度预算总表（高鹏程制表） （单位：元）

名称	养老院	育婴堂	残废院、盲哑学校	总管理处	合计
岁入	6101.2	19896.676	4122		30119.924
岁出	15004.207	44450.869	11008.904		71831.980
出入不敷	8902.959	24554.193	6886.904	1368	41712.056

① 南通市档案馆馆藏档案 A215-112-0311。
② 张謇：《柳西草堂日记》，《张謇全集》（8），上海辞书出版社，2012，第783页。
③ 《张孝若致大生董事联合会诸公函》（1927.1.30），南通市档案馆馆藏档案 A215-112-0314。
④ 南通市档案馆馆藏档案 E262-111-0013-0001。

续表

名称	养老院	育婴堂	残废院、盲哑学校	总管理处	合计
如租钱半受其不敷之数	10702.959	31430.600	7736，904		49870.463
租钱	3600	13752.814	17000		16316.814
租钱占岁入	59%	69.12%	41.24%		54.17%

地租对于张氏南通慈善事十分重要。由表1可知，在1930年的年度预算中，养老院、育婴堂、残废院（盲哑学校）租钱占岁入比重分别为59%、69.12%和41.24%，合计租钱占总管理处岁入的54.17%。但是，由于田租收入并不稳定，以至于总管理处要做好租钱半收的预算。据《张謇所创企事业概览》："总管理处及养老院、育婴堂、残废院、盲哑学校原有基产田亩，田租收入全年约合米1849.5石。抗日战争发生后，田租收入大为减少。1946年土改后不再有田租收入，全恃大生厂每月补贴经常费79.5石，另有房租收入45.45石以资维持。"①

三是来自相关方面捐赠。早在张謇时代，就有各方捐赠慈善资金。如1920年1月，梅兰芳莅通演出，"剧场拟酬两万元，梅郎坚却不受，允助伶工学社暨各慈善机关经费"。②据《南通私立养老院财产清册》载，养老院有位于四安南三官殿北首民田二千步（由太阳殿施助）、荡田二千步（捐助者不详）及四安丝瓜桥之民田二千六百步（张退公捐助）、太阳殿旁觉世乡民田四千步（张退公捐助）等。③此外，育婴堂亦有1915年时任县知事储南强拨助的7254.2元等捐助。至于张謇去世后所得捐助，仍来自张氏家族。如1933年地方报纸对张詧的慈善

---

① 南通市档案馆、张謇研究中心：《张謇所创企事业概览》，2000，第341页。
② 《梅郎在通之消息》，《时事新报》，1920年1月27日。
③ 《南通私立养老院财产清册》，南通市档案馆馆藏档案 E262-111-0013-0001。

捐赠曾有统计（资助慈善教育共 2000 元，其中慈善为 1070 元）：

张退庵先生捐助张氏创办慈善教育房产表①

计助房屋列下：

一、南城门正街东侧新市场楼房一排，计六十四间。

二、城南街恒孚里内楼房两幢，计六十八间。

三、长桥西首及濠阳路市房两处，计二十六间。

四、长桥东西两侧楼房两排，计六十二间。

五、南城口东侧空地基一方，计亩租（新赁户存交）计洋三元。

共计收洋三千二百二十七元。

计支修理、房捐支用项下：

一、支房捐（自五月至十二月）八个月洋三百五十元零一角六分。

二、支修理费八个月，计洋七百十元零六角三分八厘。

三、支收费工资八个月，洋八十八元。

四、支印花税票、洋九元九角。

五、支印收据、簿账、簿纸、钉，洋九元九角一分。共计支洋一千一百六十八元六角零八厘。

计付项下：

一、付（残废院）（盲哑学校）洋四百十元。

二、付养老院洋二百八十元。

---

① 《张退庵先生捐助张氏创办慈善教育房产表》《通通日报》1933 年 4 月 19 日。

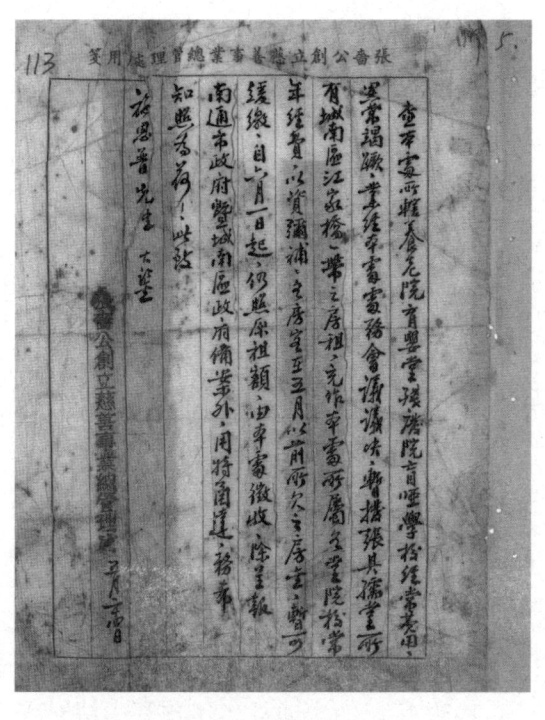

慈善事业总管理处关于以江家桥一带房租弥补常费的函，原件藏南通市档案馆

三、付育婴堂洋二百八十元。

四、付敬孺小学洋二百八十元。

五、付师范附属小学洋一百元。

六、付张邵长乐小学洋一百元。

七、付张吴第三幼稚园一百元。

八、付图书馆洋五十元。

九、付博物苑洋一百元。

十、付张杨幼稚园洋二百元。

十一、付海门老老院洋一百元。共计付洋二千元整。

以上收支付两抵外，余存洋五十八元三角九分二厘。

另据记载,"民国三十三年各堂院校经费困难,势将难继,张敬礼氏于是年七月间慨以私产洋房一宅(即现在四区专员公署)出售,得米一千五百石,助入各堂院校维持食用,得未中辍。"①

在抗战前后,地方当局对张氏南通慈善事业都予以不同程度扶持。

以残废院为例,该院全年经费需四千元,向系张謇捐拨。但自张謇逝后,院费"就无的款"。为此,1928年2月,南通自治事业总务处"以狼山香市已到,特请县政府准许征收香捐,每客收铜元六枚作为残废院经费"。②经县府许可后,通过征收香捐的办法,残废院经费不足的问题得到暂时缓解。

再如1936年12月,"苏省教费管委会通过廿六年度教费概算……拨补私立南通盲哑学校四百元"③,更是直接得益于政府机关资助。

1938年3月南通沦陷后,各慈善设施不同程度遭受敌伪摧残和破坏。然而,南通地方日伪政权在残暴统治的同时也采取了一些怀柔策略,以蒙骗人民,美化其侵略行径。如1938年,养老院因为日军占领,董事会主席张敬礼"自交通阻塞,并未接济分文,暂由自治会酌量维持"④。1939年,伪南通县半年预算中津贴养老院1500元,平均每月250元。⑤

1940年8月,管理处主席张敬礼致函伪南通县知事薛郢生,称"属处所隶属之育婴堂、养老院、残废院全恃田地产业为收入大宗,乃感于去岁收入短绌,应付万分为艰,嗣承张具孺堂又拨助田地产业收入六千余元,以维现状借资挹注,

---

① 南通博物苑编:《南通博物苑百年苑庆纪念文集》,文物出版社,2005,第240页。
② 《征收狼山香捐》,《中央日报》,1928年2月23日。
③ 《苏省教费管委会通过廿六年度教费概算》《时事新报》,1936年12月17日。
④ 《南通县社会事业调查表》,南通市档案馆馆藏档案A209-113-0047。
⑤ 《江苏省南通县救济慈善费民国二十八年七月至十二月预算册》,南通市档案馆馆藏档案A209-114-0027。

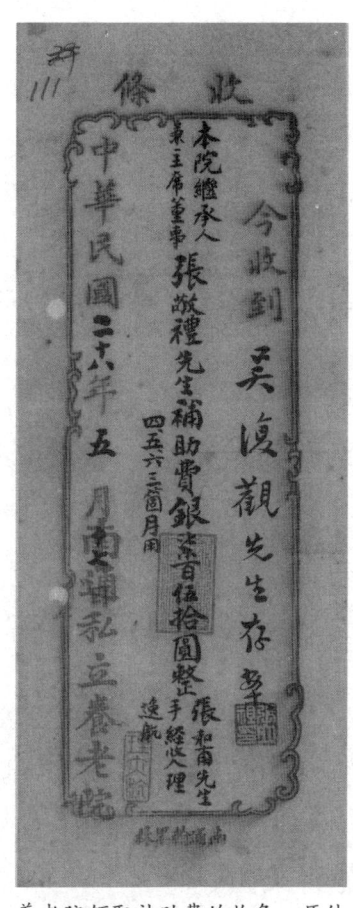 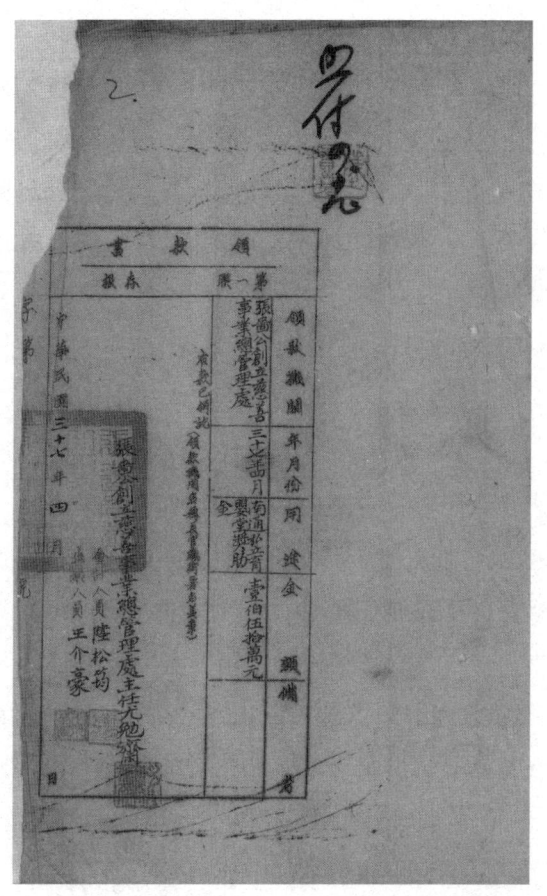

养老院领取补助费的收条，原件藏南通市档案馆　　育婴堂奖助金领款书，原件藏南通市档案馆

幸免中辍。惟自事变（按：指1938年日军侵占南通）以来所有承佃户对于完纳租金，大都循观望，似有故意抗纳之意。属处各堂院暨张具孺堂蒙受此种损失为数亦属颇巨……呈请钧座俯赐鉴核，准予转知城区区公所、天生港区公所及各分驻所，予以有效协助，俾属处暨张具孺堂拨助田地收入不致再为佃农侵蚀，以维

产权而裕收入"①。张敬礼以筹措善款为名,要求地方当局协助收租。

1941年7月,总管理处总务干事王兰生致函薛郢生:"通靖轮步所有财产前经所有人张敬礼先生来函指定,该轮步一切收入完全为属处各堂院补助,不得移作别用……兹因天生、任、姚各港轮步近有职员利用机会私自出卖通靖轮步船只、房屋……请县长专函天生港区公所、任姚港乡公所迅予制止,不能任其摧残。"②同样是请求地方当局给予帮助。总管理处的两份信函,内容虽有差异,但都是希望地方当局对资助张氏慈善事业的产业进行保护。

抗战胜利后,官方及其他机构也曾对张氏南通慈善事业予以扶助。1947年9月,南通区专员徐谟嘉视察育婴堂,并捐款百万元犒赏堂内乳妇。③1948年3月,江苏省社会处令发南通私立育婴堂奖助金150万元。④1947年2月,联合国善后救济总署苏宁分署福利督导委员海丽丝(美籍),莅通视察福利事业,曾先后至养老院、育婴堂等处视察,返署后即请拨米二百吨、面粉七百吨,补助南通福利事业机构。⑤

经过张氏家人的坚持和大生系统部分企业及有关人士的努力,在一定程度的官方支持下,张氏慈善事业在艰难中维持,直到迎来南通解放。

第二节 历经艰难,逐渐式微

张謇的一生,兴办了众多慈善事业,投入资金甚巨。据统计,到他去世前,

---

① 《张謇公创立慈善事业总管理处主席张敬礼呈南通县知事薛》(1940年8月29日),南通市档案馆藏档案 A209-113-0238。
② 《张謇公创立慈善事业总管理处总务干事王兰生呈南通县县长薛》(1941年7月),南通市档案馆藏档案 A209-114-0102。
③ 《徐专员昨视察育婴堂,捐款犒赏乳妇》,《五山日报》,1947年9月16日。
④ 《张謇公慈善事业管理处助金》,南通市档案馆藏档案 A208-117-0479。
⑤ 《海丽丝小姐昨离通》,《五山日报》,1947年2月6日。

仅大生一厂为企业和公益事业垫款就达70多万两。即便在企业发展上升期，由于慈善事业规模扩大，在资金陷入困顿时，为了筹集善款，这位晚清状元甚至不惜放下身段，运用个人特长和名望，以鬻字等方式为育婴堂等机构筹款，以渡过难关。自1922年大生系统面临前所未有的危机后，各项慈善公益事业的经费筹集更为困难，年逾古稀的张謇仍为此殚精竭虑、苦苦支撑。他说自己"所负地方慈善公益之责，年费累巨万，无可解除，亦无旁贷也。求助于人必无济，无已，惟求诸己"。① 张謇去世后，随着张氏家族影响力下降，加之经济来源更加紧张，其慈善事业则是在更加艰难的条件下努力维持着。社会各界虽有零星捐助，但终属杯水车薪。如1930年9月，李艺农、旦初两人曾奉二老之命，将寿筵之资、大洋150元移助育婴堂、残废院、盲哑学校。② 南通沦陷后，总管理处及养老院、育婴堂、残废院、盲哑学校原有田租大为减少。1946年土改后，基本不再有田租收入，全依赖大生厂每月补助经常费79.5石，另有房租收入45.45石来维持。③

一、影响此消彼长，主导地位不再

说到清末民初的南通慈善，肯定离不开张氏家族。但张氏慈善事业并非南通慈善的全部，只不过在张謇时代，具有鲜明近代特征的张氏南通慈善事业占据了南通社会救助事业的中心地位，致使地方上的其他善会与善堂被遮蔽，被边缘化了而已。

在南通，与张謇同时代的还有慧光楼、广善坛、真济复兴慈善会、南通县理教通善堂分会等多家慈善组织。资料记载，早在张謇涉足南通慈善事业前，南通就有慧光楼办理慈善事业。在张謇时代组建的善会与善堂有广善坛（1917）、真

---

① 张謇：《为慈善公益鬻字启》，《张謇全集》（5），上海辞书出版社，2012，第237页。
② 《育婴堂、残废院、盲哑学校鸣谢》，《通海日报》1930年9月8日。
③ 南通市档案馆，张謇研究中心：《张謇所创企事业概览》，2000年，第341、342页。

济复兴慈善会（1919）、南通县理教通善堂分会（1921）等。直到张謇逝后，原有非张氏系的上述慈善组织仍然存在，由此足见其生命力之顽强。

张謇逝世后，巨绅主导南通社会救助事业的时代谢幕。据统计，自1929～1946年间，在通成立的慈善组织不少于18家，其中南通红卍字会、南通县感化院、南通精一慈善会等在当地属会员较多、影响较大的慈善组织。①

此时的张氏慈善事业，对其他社会救助事业如赈灾、施药等已无力旁顾，赈灾等社会救助事业主要由南通的善会与善堂参与，主要从事传统社会救助事业的这些善会、善堂，逐步成为南通社会救助事业的主角。

南通的善会与善堂成员多来自商界，通常有宗教背景。善会与善堂投合了商界人士践行宗教信仰的需求，因而得到普遍支持，进而获得迅速发展，并积极向地方当局谋求自身合法地位。这一时期，南通的善会与善堂不但具有数量上的优势，而且从事社会救助事业的种类更为广泛。目前，虽暂无证据表明南通的善会善堂与张氏家族存在直接联系，但由现有资料可见，主要从事传统社会救助事业并积极参与难民救济的善会与善堂，与主要从事养老、育婴、残废收养的张氏南通慈善事业形成了事实上的分工。此为变化之一。

变化之二是官办救助机构与张氏慈善及善会、善堂等民间慈善机构之间的合作。张謇时代，南通官办社会救助事业踪迹难觅。后张謇时代，南通社会救助事业民强官弱的态势依旧没有改变。

南通官办社会救助事业的主体是南通救济院。1929年，南通救济院依照部颁规则正式成立，"接收原有之济良所、栖流所改称为妇女教养所、游民习艺所，嗣复先后扩展添设孤儿所、乞丐收容所、施药所、贷款所合计一院六所，并在城南建设孤儿所房屋，在城西建设乞丐收容所房屋。建筑费泰半募之于商富，经常

---

① 高鹏程：《"后张謇时代"的南通社会救助事业——从民国南通档案考察》，《安徽师范大学学报（人文社会科学版）》，第41卷第4期。

费用则列入地方预算，由县按月发给。其慈善款产由院收缴县府。"① 史料表明，在难民救助方面，南通救济院合作的对象是南通的善会与善堂。救济院在成立之初便与张謇公创立慈善事业总管理处在育婴、养老、残废等方面进行合作，其育婴、养老、残废三所最初便附设于张謇公创立慈善事业总管理处所管理的育婴堂、养老院、残废院。总管理处管理的育婴堂、养老院、残废院经费及人事权仍然保持独立。南通救济院的三所必须按月交清相关费用，并由总管理处对应的堂、院职员兼管事务。② 而 1942 年南通红卍字会有 3 名因残滞留的难民，则由伪南通县政府商求张謇公慈善事业管理处解决③。

到了抗战时期，情况又发生了变化。1938 年，南通救济院设有游民习艺所、孤儿所、妇女教养所、乞丐收容所、施医所、贷款所等。但因日军占领，"县款停发，无法维持。除游民习艺所、孤儿所、贷款所照常办理外，余暂停顿"④。其后，警察局先后参与成立了感化院、栖流所，教育局将孤儿所改为慈幼小学。⑤ 至 1943 年，"虽云粗具规模，但以组织既欠统一，管理自难周密，对于各单位之救济效能未能充分发挥，似有设置救济院，以专责成之必要"⑥。为此，伪南通特别区公署署长严明制定了六条恢复救济院的措施，与张氏私立慈善机构有关的一项是，统一救济机关，令其养老院、育婴堂、残废院等必须受救济院指挥监督。不过，所谓接受监督指挥，也只是"关于行政方面须取得一致态度，以期统一，庶免各不相谋。经济方面仍由各该私立慈善机关，自行布置，该院不加干涉，以副先贤创设之苦心。"体现了地方当局以救济院统摄南通社会救助事业的意图，

---

① 《组设南通县救济院计划书》（1943.5.19），南通市档案馆藏档案 A207-111-0128。
② 《慈善事业总管理处章程领款办法》，南通市档案馆藏档案 A215-112-0314。
③ 《收文循字第 8613 号》（1942.12.29），南通市档案馆藏档案 A209-113-309。
④ 《关于调查宗教慈善事项》，南通市档案馆藏档案 A209-113-0047。
⑤ 《组设南通县救济院计划书》（1943.5.19），南通市档案馆藏档案 A207-111-0128。
⑥ 《南通特别区公署署长严明呈苏北地区清乡主任张》（1943.5.19），南通市档案馆藏档案 A207-111-0128。

但各慈善机构在经济上的自主权仍得以保持。

当然,除了南通救济院,日占时期的南通尚有其他官办社会救助机构。以1941年调查为例,时有金沙区救济院(1916)、平潮区游民收容所(1939)、县卫生事务所附设诊疗所(1940)等。[①]

数据显示,抗战胜利后的1946年上半年,南通救济院收容救济者共计286人,其中育幼所31人、习艺所188人、乞丐收容所54人、妇女教养所13人。[②]1947年南通救济院所属习艺所、育幼所、妇女教养所全年累计收容1545人,平均每月约129人。可见,虽然南通救济院实际救助人数有限,但多少也开展了些工作。

综上所述,后张謇时代地方当局与民间相互支持,相互依赖,共同致力于南通的社会救助事业。张氏南通慈善事业、南通的善会与善堂都尽力在备案保护、资金补助、税收减免等方面争取地方当局支持。官办的南通救济院则在机构设置方面依托张氏南通慈善事业,在难民救助方面与南通的善会与善堂合作。如此使得南通社会救助事业中民强官弱的态势得以延续。

后张謇时代,南通社会救助事业由巨绅主导型向善会与善堂主导型转变。张氏南通慈善事业的日渐衰微,一方面固然与失去了灵魂人物张謇有关,另一方面则是因经费不稳所致。受政局影响,田租收入波动很大,乃至绝收。民国末年,张氏慈善事业仅能依靠大生企业提供的补贴和房租维系。而一度被遮蔽,边缘化的南通善会与善堂成为南通社会救助事业的主角,地方当局对他们的信仰比较宽容,只要慈善组织符合规则即同意备案,这是各种善会善堂得以公开活动的关键所在。

后张謇时代,与张氏南通慈善事业的萎缩和官办救济院的窘况不同,南通的

---

① 《令各区区公所案奉慈善业》,南通市档案馆馆藏档案 A209–114–0082。
② 《南通县救济院三十五年度一至六月份院内外各所救济人数统计表》,南通市档案馆馆藏档案 A208–117–0377。

善会与善堂等慈善事业得到发展。两者的此消彼长，实质反映了南通社会救助事业回归常态。当然，如果从文化层面看，张氏南通慈善事业更具现代性，但在后张謇时代已明显停滞，甚至走向衰微，而更具传统意味的善会与善堂重占上风。

二、事业规模收缩，艰难之中延续

作为张謇事业的继承人，张孝若背负着家族和社会的殷切期望，其本人也深感压力，曾感慨："为名父之子难，为有事业之父之子更难。"① 因时局变化及诸多条件制约，自张孝若管理起，张氏慈善事业不可避免逐渐衰落。

在张謇辞世之初，其高尚的人格魅力并未随之减弱，张家的威望和势力及其在南通的地位仍然难以撼动。但到了南京国民政府时期，面对新的政治、经济情势，张孝若对张謇所创办慈善组织进行了调整，并与南通县救济院协同举办慈善事业。据载，1929年3月，按内政部要求，加之"旧有之各慈善机关，如育婴堂贫民工厂、残废院、养老院、盲哑学校、栖流所、济良所以及其他各善堂，其性质与救济院相近者不少"等因，南通县政府拟合并各慈善机构至县救济院。② 而此时的张氏慈善事业也面临经济困难，如1930年育婴堂、残废院、养老院、盲哑学校各"院堂主任，以经费竭蹶，难于维持，纷纷辞职"，管理处特派代表赴沪，与张孝若筹商。③ 于是，在张孝若配合下，贫民工场被接收后计划改为游民习艺所，济良所、栖流所被救济院接收。时值大生纱厂困难之际，这类整合既是出于现实所迫，也有助于集中资源，维持和优化慈善事业运营。但养老院、育婴堂、残废院等慈善机关却"以系私人捐资创设，反对合并改组"④，直到1932年，终以未受公家补

---

① 张孝若：《南通张季直先生传记》，（南通）张謇研究中心重印，2014年，第441页。
② 《整理地方慈善事业》，《通通日报》1929年3月21日。
③ 《慈善机关 费绌难支》，《时报》1930年9月27日。
④ 《时报》，1930年12月19日。

助至百分之五十以上者可免于归并救济院而告终①。张謇创办的新育婴堂、养老院、残废院等慈善机构，仍由张孝若主持的"张啬公创立慈善事业总管理处"继续管理。

"通邑沦陷后，院校收入经费锐减，而院校各务又难听其中辍"②，养老院、残废院、盲哑学校等处在艰难的维持之中。抗战胜利后，从史料中所留存的各机构有关记述亦可知其艰难。1946年3月，为解决经费来源，除向各有关之团体、私人设法筹集外，张敬礼"自动捐助田产四万亩"，并呈请蒋介石，"拟悉数变卖得价，充复兴事业之经费"，希由四大国有银行与中国纺织建设公司出资收买。后国民政府函复，以"国家银行不能购置不动产，中国纺织建设公司亦无力收购"为由婉拒③。另有大生档案显示，当年曾支慈善管理处法币一亿元。④

为较完整地了解后张謇时代张氏慈善机构情况，现分别概述如下。

1. 残废院

残废院与盲哑学校均设于狼山北麓。1928年5月，某参观者较为详细记录了当年的残废院情况⑤：

院在盲哑学校之右，主任为孙锦章君。经常费四千元。现有残废人九十八名，大多系贫无可告而能相当工作者。或结草绳，或做蚊条，或纺棉纱，或制烛心，各司其职。时在午餐，但见杯盘狼藉，黄米饭、青蚕豆，乒乓之声，不绝于耳。据云该院亦为张啬公所创慈善事业之一，自张氏去世后，经费上大受打击，现在

---

① 《私立慈善机关经济实况》，《通通日报》1932年3月12日。
② 《张敬礼致徐静仁董事长》（1939.1.24），南通市档案馆馆藏档案 A215-112-0311。
③ 《国民政府文官处政务局函复陈陶遗、刘垣诸先生》（府交字第5478号，1946.7.17），南通市档案馆馆藏档案 A215-112-315。
④ 《南通张季直先生手创教养事业复兴委员会收支分户账册》（民国三十五年立）南通市档案馆馆藏档案 A215-112-055。
⑤ 李景文、马小泉主编：《民国教育史料丛刊》（413），大象出版社，2015，第392-393页。

南通残废院庭院

仅能勉强支持而已。

  档案显示,到1930年,该院残废人减至87名。[①]

  另据记载,"残废院经费向仰给予狼山香资捐款。自江北沦为战区,香市寂灭,而该院收容之残废无力逃生者仍有七十余名。"[②]因经费窘困,残废院处于十分艰难的境地。伪政权调查显示,到1941年7月,残废院仅收养54人(男46人、女8人)。[③]即使是战后的1947年,也仅"收有盲哑生及残废者近百人"[④]。

[①]《张謇公创立慈善事业十九年度预算总表并册》(1930年),南通市档案馆馆藏档案A215-112-0318。
[②] 南通市档案馆馆藏档案A215-112-0311,第128页。
[③]《令各区区公所案奉慈善业》,南通市档案馆馆藏档案A209-114-0082。
[④] 魏力行:《苏北访问记》(3),《东南日报》1947年4月13日。

南通残废院全景

1948年，因接受能力有限，残废院明确"收容残废人数以六十名为限"①。1950年，残废院迁至城南白衣庵西侧养老院内，时有残疾人45人，其中，女6人，男39人。②

2. 育婴堂

张謇所创育婴堂，人称新育婴堂，以示区别。张謇去世后，仍由原坐办（清制，非常设机构中负责日常事务者）王兰生负责管理。1928年12月，"唐闸市新育婴堂王（兰生）坐办辞职，另派徐个臣接替"，因"堂内基产甚多，组织临时保管委员会，并派请总务处代表邢鉴清、唐闸市行政局长吴蕒阶、本堂原任董事陈南琴、宗渭川、坐办徐个臣为该会委员，前坐办王兰生聘为本堂顾问"。③

王兰生，原服务于大生一厂，1917年夏，"奉退啬公命兼任新育婴堂坐办"④。

1929年秋，新育婴堂呈请内政部备案，更名"南通私立育婴堂"。1930年，育婴堂内外堂婴儿有934名。⑤

南通沦陷于1938年3月。5月4日，侵占唐闸的十余名日本士兵疯狂发射燃烧弹，炮弹击中了育婴堂，顿时大火四起，烈焰熊熊，一直烧到南通城郊猫儿桥，沿通扬运河十几华里，300多户人家、4000多间房屋化为灰烬，育婴堂16名婴儿和两名生病少女被活活烧死。育婴堂全部毁没，成为一片瓦砾之场（南通市社会福利院院史室展板）。据记载，育婴堂被毁后，有"遗婴数十名，移居乡间抚

---

① 《南通张謇公创立慈善事业总管理处工作概况》（1948年10月），南通市档案馆馆藏档案 A208-117-0177。
② 南通市档案馆、张謇研究中心编：《张謇所创企事业概览》，2000，第327页。
③ 《唐闸育婴堂之福音》，《通通日报》1928年12月10日。
④ 《王兰生启事》，《通通日报》1928年12月13日。
⑤ 《张謇公创立慈善事业十九年度预算总表并册》（1930年），南通市档案馆馆藏档案 A215-112-0318。

养"。①

　　1940年8月,"张啬公慈善事业总管理处,为贯彻先贤经营地方之精神,认为慈幼事业尤关重要,复兴育婴堂乃急不可缓之举,特暂借城南养老院余屋,成立育婴堂办事处,从事收集失物,保育原有孩童,并办理收养弃养事业,经费盖由慈善事业管理处拨发"。②在张敬礼主持下,将所遗堂婴迁至城南养老院南院继续抚养③,育婴堂从此得以恢复。

　　1941年7月,根据伪江苏省民政厅训令要求,由南通县查填并呈送的慈善机关团体调查表显示:张謇开办的南通私立育婴堂因毁于战火,借用通城养老院,收养男婴24名,女婴155名。④

　　到1947年,育婴堂仍设于养老院内。时有报道"养老院与育婴堂屋宇相对,收容鳏寡老人及孤苦婴儿共二百余名。一老一幼,人生两端,令人油然而生'张状元好事做尽一生'之感。"⑤

3. 养老院

　　据记载,1929年,养老院时有住院男女134人,附设粗浅工艺及其他手工。"以田租募捐,得以维持。"⑥"维持"二字,尽显慈善事业之艰难。次年,男女老人减少至128名。⑦而当年张孝若为该院所题联语"岂能尽如人意,但求无愧我心"⑧,

---

① 《南通市育婴堂报告》(1951.10.9)南通市档案馆馆藏档案 E225-121-4-60。
② 《南通慈善事业管理处将恢复育婴堂》,《新申报》1940年8月7日。
③ 南通市档案馆、张謇研究中心编:《张謇所创企事业概览》,2000年,第319页。
④ 《令各区区公所案奉慈善业》,南通市档案馆馆藏档案 A209-114-0082。
⑤ 魏力行:《苏北访问记》(3),《东南日报》1947年4月13日。
⑥ 《友声月刊》1929年第7期9页。
⑦ 《张啬公创立慈善事业十九年度预算总表并册》(1930年),南通市档案馆馆藏档案 A215-112-0318。
⑧ 《赵子超为老人筹措医药费》,《新江北日报》1936年6月16日。

海门老老院

海门第二老老院来宾、职员第一次开幕留影

亦可见其"有心无力"之感。

养老院的窘境也曾引起社会有关方面关注，如1936年6月，赵子超（赵丹之父）参观养老院，目睹各老人憔悴情状，顿生恻隐之心，邀请各大艺员暨各方友好，于南通剧场（按：即原更俗剧场）开演义务戏，"将售得票价扫数拨助该院，一面并以个人所长书画，廉价出售，征求各友好一致赞助，将所得润资义移助该院，以充各老人夏季需要之医药费用云"。①

纵有社会人士爱心资助，也难挡养老院的萎缩之势。南通沦陷后，养老院老人更是减至86人（男54人、女32人），工作人员10人。②

1941年7月调查显示，这时的养老院收养老人仅有67名（男47人、女20人）。③1948年，养老院收养70名老人。④

4. 盲哑学校

张謇去世后，其创办的慈善事业虽遭遇经费不足、战事影响或政局变化等情况，但南通盲哑学校属于教养事业，其办学经费基本能得到保障，加上学校使用有度，这才使其运转得到保证，这在后张謇时代的张氏慈善事业中，属于一个例外。

据记载，"全国盲哑学童入学校，每年所需费之总数，查我国盲哑学校办理最经济者，首推南通。民国十七年度，该校经济状况，全校盲哑生二十九人，支出经常费总数为二千元，平均每生岁占教育费六十九元有奇"。⑤对此，朱冲涛在其《中国盲哑教育刍议》一文中介绍南通经验时，曾强调"盲哑教育经费，为

---

① 《赵子超为老人筹措医药费》，《新江北日报》1936年6月16日。
② 《南通县社会事业调查表》，南通市档案馆馆藏档案A209-113-0047。
③ 《令各区区公所案奉慈善业》，南通市档案馆馆藏档案A209-114-0082。
④ 《南通张啬公创立慈善事业总管理处工作概况》（1948.10），南通市档案馆馆藏档案A208-117-0177。
⑤ 朱冲涛：《中国盲哑教育刍议》，《民国日报》1930年3月5日。

推行盲哑教育之先决条件，此点如无相当解决，则提倡者纵是高唱如云，亦属纸上谈兵，无补于事"。

两年后的 1930 年，盲哑学校盲哑生增加到 35 人。①1933 年，该校已毕业四班，当时在校生尚有 44 人，其中，盲科 18 人，哑科 26 人。

不仅事业规模未受影响，而且该校培养的合格师资和具有一定生产技能的盲哑毕业生，或活跃在省内外盲哑学校，或服务于商务印书馆和邻近地区。毕业生"多皆勤勉任事"，颇为社会人士所称道，在国内外享有一定声誉。

一是教学管理，声誉卓著。如 1928 年 5 月，在来自上海的参观者笔下，"是校在狼山北麓，中有校园，广植花木，气空澄鲜，光线充足。主任王秉衡君，经常费二千元。现有盲生六，哑生十四，男女俱有。盲生用铜条格盖纸，戳码为字。试以'上海教育局'五字请教师戳成，令盲生摸读，完全准确。我等继入哑生室，一生起立，作欢迎状，并在黑板上书许多问句，以手示意，令客一一作答。哑生亦能读书，惟发音较迟钝耳"。②

又如当年曾有报道："素闻南通私立盲哑学校设施完备，成绩斐然，特随中国纺织学会会员前往参观。""该校教务主任李玉芹氏，对于聋哑教育富有经验，感于聋哑虽能识字，说几句简单的话，而不能与健全者接谈，尤不能立足于社会中，颇感怜惜……乃依照现在所有注音符号发明国音机，其分唇音、齿音、舌尖音、舌上音、鼻音、舌根音、喉音七部，每部有纵横二机管，管即分为七部活字符号、其施教时系拨动枢纽，内部齿轮机械则旋转，同时将受者之颚部置于横管上，教者亦于纵管端（注音符号）受者随音而和，与教者之音略有颉顽。闻李氏

---

① 《张謇公创立慈善事业十九年度预算总表并册》（1930 年），南通市档案馆馆藏档案 A215-112-0318。
② 李景文、马小泉主编：《民国教育史料丛刊》（413），大象出版社，2015，第 392 页。

试验数次，未得圆满之结果，先将该机器送往上海科学仪器馆研究设法云。"①

以上两则旧闻，显示了当年南通盲哑学校教学与管理水平及其在业内的地位与影响。

相较于知识教育，盲哑学校更注重学生的技艺养成，强化能力培养，努力使其能够习得一技之长。1929年，该校确定了三条教育主旨②：一是训导盲哑生生活上之知识；二是养成盲哑生之技能，使为生利之国民；三是增进盲哑享受社会娱乐。"哑科废国语文字教育，以常识为中心"。在这一年的西湖博览会上，该校就有58件展品展出，大受中外人士赞誉。1931年，"为开辟盲哑学生出路起见"③，在王秉衡校长努力下，该校集款一万元，开办盲哑工厂"实行半工半读之制，俾在校学一技之能，出校之后，可独立谋生"④。据载，该厂设有"印刷、摄影、华文打字、木工、针织、藤竹六科"。⑤

二是师资输出，颇有影响。南通盲哑学校肩负着"培养盲哑师资，造就盲哑"的双重任务，在"造就盲哑"的同时，培养了许多盲哑教育师资。该校曾附设盲哑师资训练班，毕业生出路主要是成为盲哑学校教师，有留校任教，有被聘任到其他盲哑学校、盲哑机构和团体工作。他们成为特殊教育的火种，为中国近代盲哑教育发展作出了巨大贡献，有的成为著名的盲哑教育专家：明眼人有王秉衡、王振音、陈绍怀等，盲人有殷志铎、罗福鑫、杨纯、唐子渊、张遐龄、赵保清等，其中以王秉衡、王振音、张遐龄等人影响最大。

1927年，"南京盲哑学校函聘袁克明、王振音两学生为该校教员"，后由

---

① 《李玉芹发明聋哑国音机》，《时事新报》1933年5月19日8版。
② 南通市特殊教育中心：《南通市聋哑学校大事记》（未刊稿）。
③ 《募捐筹设盲哑工厂》，《通海日报》1931年6月10日。
④ 教育部编：《全国盲哑教育概况》，1936，第15页。
⑤ 《救济盲哑开办工厂》，《时报》1931年7月21日。

王振音"介绍该校毕业生王君前往充任。"①

1928年,王振音前往苏州,"访同校毕业之哑友沈宗南。因鉴苏地尚未设有哑校,爰由王沈二人发起,拟在城中心点创办聋哑小学校一所"②。后经"就商于邑绅张仲仁氏(按:即张一麐)"③,于1931年创设吴县盲哑学校一所并担任首任校长。王振音(1900～?),南通平潮人,"幼即病哑"(《吴县筹设盲哑小学》《时事新报》1931年3月4日),1927年毕业于南通盲哑师范科。他"深感瘖哑儿童痛苦,发愿造福残群,先后服务二十余载,抗战前曾充苏杭聋哑学校主任"。④至抗战胜利,即已成为"聋哑教育专家"。1947年受聘出任绍兴县救济院盲哑学校哑科主任。⑤后赴台并长期担任台湾省立台北盲哑学校哑部主任。

张遐龄(1910～?),金沙西乡人,5岁时双目失明,1916年入南通盲哑学校求学。作为该校首期学生,毕业后留校任职并继续学习师范课程。后于1926年任盲部教员。抗战前由学校推荐去南京盲哑学校深造,后因日寇侵华致学业未竟而返乡。1946年秋再到南京学习。1948年。被教育部派往台湾省立台北盲哑学校任教,是该校创始人之一⑥。张遐龄在台服务盲人教育40年,于1988年退休。

而长期服务于南通的王秉衡也是该校培养的杰出校友。王秉衡(1892～1980),江苏如皋人,1916年毕业于南通盲哑师范传习所(亦称盲哑师范科),1917～1970年曾任南通狼山盲哑学校教师、教导主任、校长(1947年起)。1930年4月曾出席全国教育会议。⑦1949年政权更迭后,历任南通狼山盲哑学校、南通市聋哑学校校长(至1966年)。王秉衡毕生从事特殊教育工作,

---

① 《首都创办盲哑学校》,《通海新报》1927年11月7日。
② 《创办聋哑小学校》,《民国日报》1928年3月17日。
③ 《邑人在苏创办盲哑学校》,《通通日报》1931年3月23日。
④ 《聋哑专家王振音应聘赴绍任教》,《五山日报》1947年4月22日第2版。
⑤ 《聋哑专家王振音参观各地哑校》,《五山日报》1947年7月18日。
⑥ 姜子扬:《南通盲哑学校第一期学生张遐龄》,《南通日报》1992年5月3日第4版。
⑦ 《全国教育会昨日开幕》,《时事新报》1930年4月24日第8版。

注重聋哑学生的职业技术教育，1956年被评为南通市、江苏省优秀教师。《南通市志》在其人物传中谓"堪称中国早期盲哑教育战线上勤恳耕耘的拓荒者"。

另有盲哑师资科首届毕业生戴贡山，留校任教后出任南通盲哑学校校长（1941～1947）。第二届哑科师范毕业沈宗南，抗战后任苏州聋哑学校校长。[①]学校附设的盲哑师资培训班学员李玉芹（李淑萍，1902～1990）受聘留校任教。1934年10月，全国慈幼领袖会议召开，南通盲哑学校派其出席（后因故未能参会）。[②] 如皋名贤沙元榘创办如皋盲哑学校后，李于1934年应聘到如皋任教。抗战期间任职北京市立聋哑学校。[③] 1949年后，任南通县聋哑学校（今通州区特殊教育学校）第一任校长。上海群学会于1920年创办聋哑学校，南通盲哑学校教育传习所毕业生洪荫萱（字懋椿，平潮人）受聘为主任[④]。而后"继任之其兄洪某及顾某，都出身在该校传习所"(《本埠增刊》，《申报》1929年9月12日增刊第7版）。故百年前就有评价：该校"造就聋哑教育界之良善教师不少"。[⑤]

三是发起盲哑教育研究。后张謇时代的南通盲哑学校，不仅专注于南通地区的盲哑教育，还在业内积极倡导，发起建立盲哑教育研究机构——中华盲哑教育社。据《民国会社党派大辞典》载，1928年春，中华盲哑教育社由南通盲哑学校代校长朱冲涛发起在南通成立。以提倡"盲哑教育职业化，化分利为生利"为宗旨。大力倡导研究、发展盲哑教育，推进盲哑福利事业，敦请社会关心支持解决实际困难等。[⑥] 不过，另有报道称南通盲哑学校校长王秉衡及前教员朱冲涛（仲陶）等"联络各地盲哑校，组织全国盲哑教育社"[⑦]，于1930年4月在上海

---

① 《聋哑学校继续招生》，《苏州明报》1948年3月1日）1929年（民国十八年）。
② 全国慈幼领袖会议大会秘书处编：《全国慈幼领袖会议实录》，1934年第117页。
③ 《本报"教师节"征文全部仲选名单发表》《晨报》1943年6月21日第2版。
④ 《盲哑学校之筹备》《时事新报》1920年3月25日第9版。
⑤ 《本埠增刊》，《申报》1929年9月12日增刊第7版。
⑥ 蔡鸿源，徐友春编：《民国会社党派大辞典》，黄山书社，2012，第85页。
⑦ 《全国盲哑教育社举行成立会》，《通通日报》1930年4月5日。

安亭乡师成立[1]。不论该社成立于何时何地,均可确认南通盲哑学校为主要发起者之一。

该校之所以能有以上成绩,这与张謇当初的建校宗旨密切相关。此外,在后张謇时代,该校在原有三大主旨外又拟订五个信条[2],读者由此便可以找到答案:

一、我们深信盲哑职业化,盲哑教育的基础才得以巩固。

二、我们深信盲哑不是废人,能以教育的力量使他独立自存。

三、我们深信盲哑不能靠(别)人养活终身,受了教育才能得到真实的帮助,增进人生的兴趣。

四、我们深信盲哑是一个社会问题,应该由整个的社会来解决他。

五、我们深信做盲哑教师,比办任何事业苦,精神上的酬报,也比任何事业大。

在政权更迭前的几十年里,南通盲哑学校和整个旧中国一样,既有着光荣的历史,也蒙受了不少屈辱和不幸。当日军铁蹄践踏到南通后,该校一度因战争影响(日方驻军)[3]而生徒星散,被迫停顿了三年。后于1941年复校。[4]

1947年,上海《时事新报》记者赴通采访,就战后恢复撰写了《南通的建设》一文,其中提到南通慈善:"那些慈善机关,则均继续办理中,尤其是盲哑学校,教育和设备,可以(说)是相当的现代化。现收容盲哑及其他暗疾残废的人,达百人左右。全国私立的盲哑学校,仅此一所而已。"[5]

---

[1] 《中华盲哑教育社昨开成立会》,《民国日报》1930年4月9日。
[2] 《南通盲哑校大加革新》,《民国日报》1931年5月5日。
[3] 《哑校近讯》,《暗铎》1938(2)。
[4] 《南通张謇公创立慈善事业总管理处工作概况》(1948.10),南通市档案馆馆藏档案 A208-117–0177。
[5] 陈烈川:《南通的建设》,《时事新报》1947年5月17日。

三、多家慈善机构，退出历史舞台

归纳张謇在通兴办的慈善事业，大致可以分为三类：

一是对南通传统慈善机构的改造，如育婴堂、义园、栖流所。这些传统慈善机构或年久失修，或管理不善，张謇在继承前制基础上，一方面或搬迁新地，或增建房舍；另一方面通过加强管理，合理规划，使他们重新恢复功用。

二是大量借鉴国外经验而创办的现代意义上的慈善机构，如养老院、贫民工场、济良所、残废院、盲哑学校等，这些机构的创立，标志着南通慈善事业由传统向现代的转型。

三是服务特殊对象的慈善机构，在这方面，也是张謇的开先河之举。如1920年，南通有恶犬妨碍交通，警察建议"如西人之法毙之"，而张謇则认为"是犹诛不教之民也，不如别牝牡栏之，姑减其孳乳"，于是在城南郊和西南郊设野犬栏，"遮藩加树，募糠秕碎米，时冬夏日一再饲"。

关于张氏慈善事业的资金来源，张謇曾清晰地说明"南通教育、慈善之发端，皆由实业。创办之始，以謇兄弟朋好所得于实业之俸给红奖，或由謇兄弟朋好于实业有关系之人展转募集。"[①] 随着第一次世界大战结束，中国民族纺织工业走过了它的黄金发展期，再加上南通连年荒歉，由张謇一手开创的南通大生等实业也难以为继，最终由上海四大银行接管。连同此后张謇去世，终使失去了主要经济来源及张謇社会影响力的后张謇时代，张氏南通慈善事业无论是在种类、规模还是经费上都呈现消减态势，日渐衰微，尽管仍有总管理处等组织的管理，但不少原有张氏慈善机构终究还是难以为继，先后退出了历史舞台。

---

① 张謇：《呈筹备自治基金拟领荒荡地分期缴价缮具单册请批示施行文》，《张謇全集》（1），上海辞书出版社，2012，第431页。

1. 贫民工场

创办于1914年的南通贫民工场,为淮南三工场之一。据记载,该工场初办之时每年由盐务补助数千元,每部工徒皆有数十人。1926年初,因盐务不振,补助金忽然取消,几有岌岌不能终日之势。① 1926年12月,因维持颇感困难,张孝若"致函实业厅,请援该县师范学校成例,改为江苏省代用工场,每月拨款补助"。② 实业厅后以"原有省立工场尚无法维持,农林机关亦积欠甚巨"等因而未能照准。③ 查大生档案,在1930年及此前数年的账目中,都有贫民工场等慈善机构按月领款的记录。

1930年7月,大批伤兵被运至南通,在城西小营即贫民工场设立第三十一后方医院。9月,张謇公创立慈善事业总管理处发布通告,"贫民工场现驻伤兵,暂时停办"。④

随后,贫民工场频繁被改变用途:

1931年1月,第三十二师九十四旅二八二团由扬州抵通,其中一营由营长李心志率驻贫民工场。⑤

1931年春,"国民革命军第十八军军长陈诚,以所部因历年战役伤残,及老弱官兵甚众,呈准中央,就南通城西旧贫民工场,开办伤兵习艺工厂,使彼等学习各种技艺,俾能独立自谋生计。"⑥

5月23日,"十八军第十一师师长罗卓英部轻伤士兵八十四人及卫队一排抵通,径往城西贫民工场,拟就该处开办工厂。地方各团体及各界反对,群情激奋,

---

① 《筹办贫民工厂之我见》,《申报》1926年3月12日。
② 《贫民工厂请改代用工厂》,《时报》1926年12月13日。
③ 《贫民工厂请改代用之厅复》,《时报》1926年12月20日。
④ 《张謇公创立慈善事业总管理处通告》,《通通日报》1930年9月11日。
⑤ 《时团(按:指时德学团,即三十二师九十四旅二八二团)全部到通》,《时事新报》1931年1月13日。
⑥ 《十八军扩充伤兵工厂》,《广济医刊》1932年第9卷第8期。

于次日罢市"。① 但最终还是成功开办。据记载,该伤兵习艺工厂"分毛巾、印刷、肥皂等部,出品全供军部之用"。② 初有工人八十余名,一年后即增至四百人。③

1938年春,随着南通的沦陷,原贫民工场建筑均毁于战火。

2. 栖流所

张謇去世后不久,栖流所出现经费困难。报载,1926年底,"栖流所收容丐民九十余人,月需经费三百元,原有捐款一百六十余元,致亏负甚巨"。为此,该所请由南通剧场(按:即原更俗剧场)义演一天,藉票资收入稍事弥补。④

1928年,栖流所因"城厢乞丐颇多,不得不设法留养",该所主任朱君觐颜为此"僻空屋三间,专为收容城区送来乞丐授以各种工艺之用,冀达其自食其力之目的。一面设法筹募丐捐,藉免缺乏经费之困难云"。⑤

同年,又因经费支绌,南通剧场三友公司诸艺员多次组织义务演出,"所售券资,除开支外,悉数拨给该所,以弥积亏。而继丐民生活"。⑥ 此外,栖流所还与新新戏院商洽募捐演出。1931年6月,由崇敬中学学生赵丹等人发起成立的小小剧社,甚至为激发观众兴趣,在新新戏院表演魔术,以增加义演收入。⑦

与此同时,社会各界也偶有捐助。如1930年9月,李艺农为老先生暨太夫人祝寿,曾慨助栖流所"钱一百五十千文,寿面五十盒"。栖流所为此等登报鸣谢,"以扬仁风"。⑧

---

① 《南通罢市》,《时事新报》1931年5月25日。
② 《罗卓英视察伤兵工厂》,《时报》1931年12月26日。
③ 《十八军扩充伤兵工厂》,《广济医刊》1932年第9卷第8期。
④ 《警察厅筹费困难》,《时事新报》1927年1月13日。
⑤ 《栖流所力谋整顿》,《通通日报》1928年6月24日。
⑥ 《栖流所演剧筹费》,《通通日报》1928年5月25日、12月14日。
⑦ 《小小剧社 热心慈善》,《通通日报》1931年6月13日。
⑧ 《栖流所鸣谢》,《通通日报》1930年9月11日。

更俗剧场

　　此时的栖流所，除继续培养被收容人员谋生技能，让其做工自立外，还适当参加一些所外活动，以服务社会。如1929年，因野犬充斥，栖流所奉命派出身体健全者参与捕捉，并"循例派丐看管喂养"，通城市容市貌因此而有所改变。①

　　1930年12月，南通县政府按内政部要求成立县救济院。次年2月，奉县长令，县公安局将其所辖栖流所、济良所移交救济院。②

---

① 1929年6月21日《通通日报》。
② 《慈善机关合并改组》，《时报》1931年2月11日第4版。

济良所

1936年9月曾有报道:"因市上乞丐甚多,县救济院于城西栖流所旧址设立乞丐收容所"①,由此可知其停办时间不会晚于1936年。

1940年9月,伪南通县政府恢复栖流所,收容游民乞丐。除调派巡官胡长炎任管理员外,另拨看守警四名,收容名额定一百名。②

3. 济良所

1928年5月,南通县公安局任命王书为济良所检查员。王书"对于所内一切设施大加改良",同时,"为所女将来计,除将原由国文、算术时间添加外,并命所女练习缝纫、烹饪两学科"。③

1929年7月,南通县公安局查禁私娼,对秘密营业者,查获后经预审即送济良所留养。④

1929年,地方政府将慈善机关合并改组为南通救济院,南通原设养老院、育婴堂、残废院、栖流所、济良所等慈善机关,刻经党政各机关议决,合并改组为救济院,推定筹备委员,着手进行。⑤后经争取,养老院、育婴堂、残废院等机构未被合并。

因史料不足,对于诸多张謇当年所创慈善事业的后续情况及其消亡时间等无法查证,有待补充完善。据1929年南通市行政局公布的《市政状况各表》显示,时有"慈善救济:养老院二处,育婴堂一处,盲哑学校一处,残废院一处、栖流所一处,贫民工场一处,济良所一处,慈善局四处,小本免息借贷处四处"。⑥

---

① 《收养丐民》,《时事新报》1936年9月2日。
② 《南通零讯》,《新申报》1940年9月29日。
③ 《济良所添设缝纫烹调科目》,《通通日报》1928年5月10日。
④ 《县公安局查拿私娼》,《申报》1929年7月11日。
⑤ 《慈善机关合并改组》,《申报》1929年11月5日。
⑥ 《市政状况各表》,《通通日报》1929年3月5日。

另据资料记载，抗战胜利后，张敬礼曾将其先母原来捐助慈善之义园二百亩，移助农校建屋。① 由此推断，此时义园或已不存。

1930年12月，南通县政府按内政部要求成立县救济院，济良所与栖流所一起，被县政府接收后改为妇女教养所。

概括而言，抗战前后，原有的张謇慈善事业，有的毁于战祸，有的被迫停顿，有的得以延续，而有的则随之终结了。

第三节　继往开来，再写新篇

一、张謇慈善事业调整、改造与衰息

自新中国成立后，作为旧有的慈善团体，张謇慈善事业遗存经历了从调整改造至衰息再到复兴发展的过程。南通市政府对包括张謇慈善遗存在内的慈善事业进行调整与改造，继而又进行接收与改组，使其由民间慈善机构转变为由官方主导的救济机构。同时，还创办了一些新的社会福利机构，开展城乡救灾救济工作，以满足建国初期各类弱势群体的需要。后因政治环境变化，张謇所创慈善事业一度淡出人们的生活，并形成由政府包揽一切社会救助的格局。改革开放后，随着经济发展和思想解放，南通慈善事业开始复苏，张謇及其慈善遗存重新回到人们的视野，并成为一种精神力量推动了南通慈善事业的发展。可见，不论如何风云变化，张謇慈善事业遗存在事实上仍不同程度持续发挥着作用，可谓余荫绵延，恩泽后世。

---

① 张廷栖：《保护与传承 南通文史文存》，苏州大学出版社，2017，第65页。

1. 对张謇慈善事业的调整、改造

新中国成立前，南通有规模与影响不等但数量较多的慈善团体和组织。这些过去遗留下来的慈善机构可分为三类：一是张謇遗存慈善机构，如育婴堂、养老院等，社会影响较大；二是民国时期地方政府在南通所办各类救济院和慈善堂，如南通救济院等；三是当地乡绅办的各类善堂善会，如石港育婴堂等；四是接受外国资助的慈善组织，主要是指外国教会设立的孤儿院和慈善医院、学校等，如南通基督医院、海门大洪镇育婴堂等。对于上述四类慈善组织，新政权分别采取了不同措施，对民国时期地方政府所办各类救济院和慈善堂基本予以取缔、解散和关闭，对民间兴办的各类慈善组织则进行改组和接收。

据《江苏省志·民政志》记载："1949年江苏全境解放后，苏北区、苏南区和南京市先后接管旧有的救济院和慈善团体，逐步进行调整和改造。苏北区旧有国民党政府办的救济院和私立慈善团体43个，除教会办的崇明县大公所和私人办的南通慈善事业管理处外，余均先后为政府接管。"[①]另有档案显示，除张謇慈善事业和天主堂所办崇明大公所老人院、育婴堂（崇明时属南通专区，1958年12月改隶上海）外[②]，海门大洪镇育婴堂[③]也不在政府接收之列。

相对于我国其他城市，南通慈善事业的出现与发展独具地方特色，但就其解放后的轨迹看，则基本与全国同步。

1949年2月，南通全境解放，析南通县城区及近郊设立南通市。解放之初，中央政府主要关注如何巩固新生的人民民主政权，对于慈善事业的发展还无暇注意，在这一时期对慈善事业也没有明确态度，既没有大力恢复，推动其发展，也

---

① 沈秉钧主编：《江苏省志》（70），方志出版社，2002，第594页。
② 《为批复崇明县政府关于大公所老人院、育婴堂的处理意见》（1951.9.10），南通市档案馆馆藏档案 D222-121-0012-0064。
③ 《为同意海门县对天主堂所办之育婴堂的处理意见由》（1951.9.25），南通市档案馆馆藏档案 D222-121-0012-0062。

没有明令予以取缔，既不支持也不反对。因此，南通市政府对遗存的张謇慈善机构及其组织没有直接接管，而是由其继续按原有组织形式运转，管理机关仍为"南通张啬公创立慈善事业总管理处"。据1950年前后各院堂统计，残废院时有残废人员40余人，盲哑学校有学生近30人，养老院有老人70余人，育婴堂内堂婴儿89人，外堂婴儿194人，合计283人。①

1950年6月，苏北行署主任惠浴宇签发指令，提出各地救济院所处理原则，其中，明确要求"对于各地旧有救济院所不再称'慈善'字样，应一律改称'地方福利事业'"。②经南通市各界人民代表会议通过，由市政府请邹强等17人于8月22日召开第一次会议，成立"南通市地方事业委员会"，在市政府领导下，统一领导，协助办理全市各种地方事业，但"张啬公创立慈善事业总管理处"予以保留，其经费来源仍以大生企业为主。档案记载，南通市地方事业委员会所"经管育婴堂、养老院、残废院等救济教养经费，其收入款限一部分系各救济教养机构原有房地租等收入，一部分系大生纱厂补助费，一部分系南通市人民政府补助费"。③查《大生第一纺织公司每月负担公益经费表》，1951年4月中籼米实际支出数为：张退公纪念校42.495石，商益中学5石，慈善管理处109.5石，啬公墓6石。据记载，公益费由大生一厂、副厂及电厂分摊，三家工厂分别承担七成、二成、一成。④1951年6月，该院"收大生一厂补助经常费人民币四百五十万零八千元（按：此为旧币，由每月补助大米七十九石五斗折算而成）"而育婴堂在同期"收大生厂补助经常费一千二百三十一万元（旧币）"，连同地租，共计

---

① 南通市档案馆馆藏档案 E123-121-0007-0019、E201-121-0020-0037。
② 《苏北人民行政公署指令（民福字[1950]0908号）》，南通市档案馆馆藏档案 E201-121-0010-0006。
③ 《报告》，南通市档案馆馆藏档案 E123-121-0003-0005。
④ 《大生第一纺织公司每月负担公益经费表》，南通市档案馆馆藏档案 B402-111-0334。

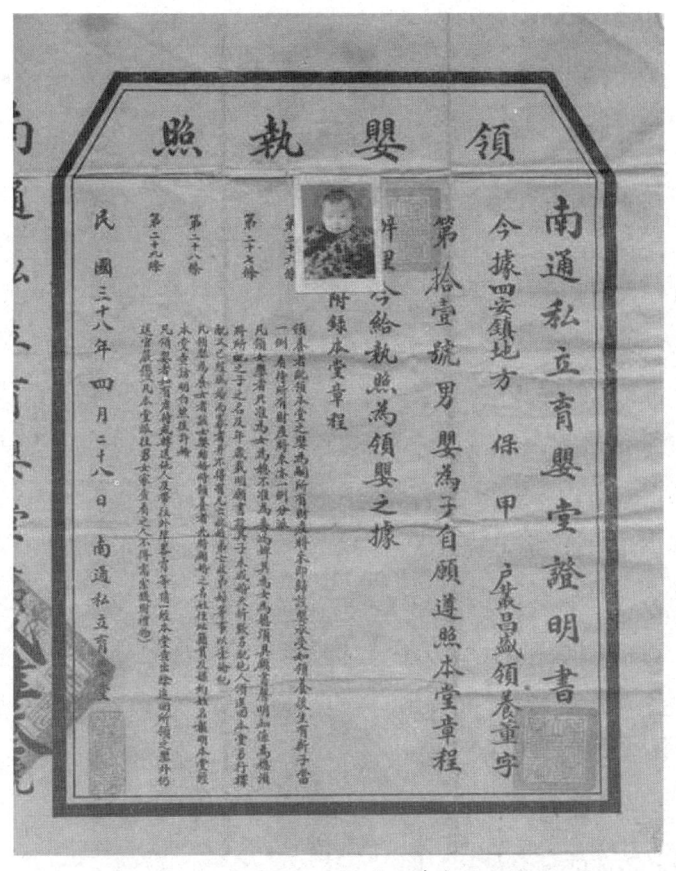

1949年4月，四安镇居民丛昌盛领养育婴堂婴儿之执照

一千五百六十一万四千元。[①]

自抗美援朝战争起，由于政治和意识形态等方面原因，我国政府对旧的慈善事业采取否定态度，认为慈善事业是资本主义的产物，必须对过去留下来的慈善机构、团体等进行取缔、改组、接收。在此背景下，南通对原有慈善机构的改造

---

① 《养老院每月收支预算数》，南通市档案馆馆藏档案 E123-121-00007-0009。

自然也不例外。

1951年8月，南通市地方事业委员会第三次会议决议，撤销原有"南通张啬公创立慈善事业总管理处"，分别建立养老院、残废院、育婴堂等独立机构，受地方事业委员会管理，盲哑学校则由市政府文教科接管。1952年6月，南通市政府设立"福利事业管理处"，所有养老院、残废院、育婴堂等机构移交福利事业管理处管理，原慈善管理处所有款产于7月移交市政府财政科接管，所需经费由市政府统一支付。

1952年8月27日，南通市地方事业委员会第四次会议议决，养老院与育婴堂、残废院等均由南通市政府组织"社会福利事业管理处"接管，自9月份起，所有经费统由南通市政府统一收支，大生厂不再拨付。①

经过一系列整顿和改造，南通建国初期原各慈善组织、团体，有的自行停办或解散，有的被改组或接收，有的被取缔或关闭。虽然带有慈善性质的养老院、残废院、育婴堂等依然保留，但真正意义上独立的现代民间慈善组织已不复存在，取而代之的是完全由政府包办的社会福利事业，带有政府机关意志从事社会救助活动，"慈善"一词也从官方文件中消失，淡出了人们的生活。

2. 张謇慈善事业的衰息及其原因

随着地方政府对旧社会留存的张氏慈善机构进行接收、改组，代之以政府包揽的社会福利事业，承担原本由慈善机构行使的职能，从事社会救灾和救济工作，真正集民间性、自愿性和自治性于一体的张氏慈善机构最终渐行渐息，淡出社会生活，原张氏慈善组织均由政府主导的社会福利事业所取代。而后，随着"左"倾思潮和"文革"影响，慈善事业更被当作是"旧社会统治阶级麻痹人民的装饰

---

① 南通市档案馆 张謇研究中心编：《张謇所创企事业概览》，2000，第319、320页。

品"而屡遭批判，导致张氏慈善事业销声匿迹。

张謇慈善事业在南通衰息有多方面原因，其中，影响较深刻的主要是政治原因。新中国成立初期，党和政府忙于巩固新生政权，对慈善事业无暇顾及。直到此后因灾荒等因造成百姓生活困难，才引起政府重视，开始着手接收和改造过去遗留下来的各种慈善机构，并在此基础上建成社会福利机构和设施，建立起由政府统一包揽的社会救济福利事业。不得不承认，这一时期政府对慈善事业的认识及定位存在一定偏差。新中国成立后不久，政府将慈善事业视为帝国主义对中国文化侵略的手段，认为无论是外国人办的慈善事业还是中国人自己办的慈善事业，都是骗人的、伪善的东西，是历史糟粕，应当予以取缔。南通地方政府在这一精神指导下，对旧有慈善机构也采取了与中央政府高度一致的措施。一方面对旧有慈善机构进行接收、改组、取缔，使其由民间兴办的慈善组织转变为由国家出资扶持的社会福利机构，社会救助完全被纳入政府的社会性保障和社会性福利制度中。另一方面，实行社会福利制度，通过政府力量对社会上广泛存在的灾民、难民、流浪人群等弱势群体进行救济，把对衣食无着的贫苦人民的救济当作政治任务来做。以往由民间慈善组织从事的各项事务，都由政府部门管辖的各个社会救济机构来进行。在后来的"文革"期间，阶级斗争年年讲、月月讲、天天讲，成为日常生活主要内容，人与人之间充满了隔阂、猜忌和怀疑，人际关系日益紧张。在这样的情况下，根本没人敢谈慈善，好像谈慈善就是不讲阶级性，就是对当时政策不满。在这些理念引导下，慈善事业仿佛成了洪水猛兽，人们避之唯恐不及，更别提建设或发展慈善事业了。在十年动乱时期，张謇更是成为批判对象，连其尸体也被"革命小将"从墓地掘出焚烧，更不谈其慈善事业了。

二、张謇慈善事业遗存概述

自张謇逝后，其慈善事业在艰难中维持，加上时局变化，部分机构逐渐衰败以致停办，主要留下养老院、盲哑学校、残废院、育婴堂等。新中国成立后，经调整、改造，到目前为止，与原张謇慈善事业仍有渊源的，仅留下以其为基础而成的南通特殊教育中心与南通市社会福利院。这一校一院自改造以后尤其是改革开放以来，得到前所未有的发展。

1. 南通特殊教育中心

南通特殊教育中心，原名南通盲哑学校，系张謇先生于1916年创办的全国第一所由中国人自办自教的特殊教育学校。自1949年2月南通解放至今，学校曾数易校址，办学规模、办学体制也多有变化。

南通解放后，狼山盲哑学校为政府接管，经修缮校舍，添置设备，面貌为之一新。当年有学生22人，其中，盲科有男生2人，哑科有女生2人，男生18人。1951年7月，农校迁入盲哑学校办学（三里墩农校被改为志愿军荣军学校），盲哑学校因此迁至老山门北侧的五山小学分部。因校舍由原先观音岩时的600平方骤减60余平方，只能白天作教室，夜间当寝室，学习、生活相当不便。其间，粟裕、陈丕显曾莅校视察，过问校舍问题。① 在各级领导关心下，盲哑小学于当年10月迁入狼山三元宫僧立初等小学内，后又将枕山楼划归盲哑学校。此时的校园面积为1亩，建筑面积达800平方米。②

1952年9月，南通盲哑学校改为公立。到1953年，全校有盲科班1个，哑科班5个，合计盲哑学生45人（其中有女生11人），且全部住宿在校。

1957年9月，根据省教育厅统一规划，学校盲科并入南京盲哑学校，南通只留哑科，校名更改为"南通市聋哑学校"。③

---

① 南通市特殊教育中心：《南通市聋哑学校大事记》（未刊稿）。
② 南通市特殊教育中心：《校址变迁一览表》（未刊稿）。
③ 南通市档案馆、张謇研究中心编：《张謇所创企事业概览》，2000，第325页。

上世纪50年代,除了来自粟裕、陈丕显等领导的帮助,该校还得到来自社会各方面的关心与支持。著名教育家叶圣陶、吴贻芳曾到校视察,吴贻芳还个人捐赠缝纫机1台,并介绍王秉衡加入民主促进会。1960年,女英雄徐学惠来校参观,与师生交流。

"文革"开始后,学校教学秩序大乱。1967年1月2日,部分在校高年级聋哑学生与往届毕业生及少数社会人员冲击学校,图书资料因遭焚烧而散失殆尽,部分校产校具暂存盲哑协会。同年3月,校舍被狼山部队借用,师生迁入城东小学(环城南路)内南侧,学生住宿于环东路135号原教具厂内。1968年11月,聋哑学校迁入刚被撤销的原市儿童教养院(东门外板桥路44号)内办学。据记载,该校区占地21亩(截至2007年),校舍面积3072~5600平方米[1],有班级4个,学生68人(其中女生26人,男生42人),教职工11人。

十年动乱结束后,各项工作恢复正常。学校在抓好义务教育的同时,坚持"向上发展,向下延伸"的办学思路,通过学制改革等举措,促进了事业新发展:1983年学校开办全托型聋哑幼儿班,向学前延伸;1989年学校成立了南通市聋儿听力语言康复中心,在全省最早开展聋幼儿语言康复工作。1989年学校开办聋人初等职业中学班;1991年成立市盲童学校,与聋哑学校"两块牌子,一套班子",恢复了盲人教育;1994年学校开办职业中专班;2003年在盲校开办中医按摩专业。

2008年9月,投资6000余万元的南通市盲聋哑学校新校区在城山路旁落成。2009年,该校与崇川区辅读学校资源整合,更名为南通特殊教育中心。南通特教中心现有占地面积36614平方米,建筑面积21944平方米。现有班级42个,学生337名,教职工105人,设计算机应用、服装工艺、装潢设计、中医按摩、

---

[1] 南通市特殊教育中心:《校址变迁一览表》(未刊稿)。

糕点制作等中职专业，为盲、聋、智障生提供康复训练、文化教育及职业培训。学校办学成绩突出，尤以职业中专班毕业生最受欢迎，在人才市场供不应求，另有200多名学生考入长春大学、北京联合大学等继续深造。

改革开放以来，学校发展迎来了崭新的历史时期。该校走名师强校之路，通过多种途径培养师资，助力教师茁壮成长。胡志坚、叶琦等老师因表现突出而被邀请到日本、阿根廷、加拿大交流访问；陈志华老师应教育部邀请参与编制全国聋校数学课程标准及聋校数学教材；陈曦老师受邀到省外为"看得见项目"作技术指导；徐俐、胡正波、熊红梅、沙莉莉、刘怡、费继平等老师获江苏省特殊教育青年教师基本功比赛、优课评比一等奖；姚明霞、吴煜华等老师被评为江苏省职业道德明星、江苏省优秀特殊教育工作者；邵云、王慧云、施建军等老师获评南通市政府园丁奖、南通市劳动模范。2015年，邵云老师成功申报组建南通市中青年名师工作室，2016年又被评为江苏省特级教师、江苏省教学名师……

学校以办人民满意特殊教育为目标，坚持"尊重差异、培养特长、健全人格、和谐发展"理念，努力为每个学生的终身幸福奠基。该校重视学生生存与发展能力培养，成就其美好人生。在科创老师精心辅导下，该校学生在中国青少年艺术节、南通市"智能杯"小巧手比赛、南通市小学生厨艺大赛、南通市特教学校学生广场书画比赛等活动中获得国家、省、市等级奖项超百，连续8届获"智能杯"小巧手比赛团体一等奖。其中，季本华同学发明的"盲人象棋"获第五届中国国际发明展览会金奖和中兴科技进步奖；盲生季烨剑的科技小发明"实用新型盲文书写器""盲文助学器"等项目共获五项国家级金奖，受到时任国务委员陈至立接见，并荣获全国十佳少先队员和国家"宋庆龄奖学金"；陈淦同学发明的"趣味盲人构图盒"，获第七届中国青少年科技创新奖，在北京人民大会堂领奖时受到时任国务委员王兆国接见，她的事迹还在江苏省人民政府承办的第28届全国青少年科技创新大赛上向全国推广宣传；宗航晨同学发明的"盲人助行器"获第九届中国青少年科技创新奖，在北京人民大会堂颁奖时受到时任国务院副总理刘延东亲切接见。

学校努力丰富学生的课余生活，多途径提高学生综合素质，成效显著。聋生赵军创作了长篇小说《篮球小子》；盲生蒋美娟以《我的画家梦》获中国盲协征文全国一等奖；学生创作的藏书票获全国大赛一等奖；学生美术作品在瑞典、丹麦、比利时等国巡回展出，获国际红十字会银质奖章；聋生张菊云在全国第一、二届伤残人运动会上独得六枚金牌；低视生马晓燕获第二届世界盲人运动会自行车个人计时赛第五名、全国残疾人自行车锦标赛3000米第一名。2015年6月，周珍同学还光荣参加了中国少年先锋队第七次全国代表大会，受到中共中央总书记习近平等中央领导亲切接见。学生排舞获全国排舞联赛总决赛一等奖；校盲人足球队代表江苏省获得全国盲人足球锦标赛两连冠；中央电视台十套《走进科学》《城市印象》栏目组到校拍摄专题片"盲人足球"。学校师生两次做客凤凰卫视《鲁豫有约》。

百余年来，学校以其骄人办学业绩、深厚人文底蕴享誉国内外，成为南通特殊教育的靓丽名片。1960年被评为全国文教先进集体，教师代表王淑老师出席全国文教群英会，受到刘少奇、周恩来、邓小平等中央首长亲切接见；1991年，南通市政府、中残联和国家教委联合在北京人民大会堂为学校举行建校75周年纪念会，时任国家副主席王震致贺词，赞誉学校"历史悠久，成绩显著，难能可贵，值得发扬"；2005年学校参加的江苏省视障儿童早期关怀和教育项目，得到国际克里斯多夫盲人协会官员"工作扎实、成绩显著、值得投入"的高度评价。此外，学校还被授予"全国特殊艺术人才培养基地""全国中小学作文教学先进学校""江苏省青少年科学教育特色学校""江苏省智慧校园""江苏省残疾人排舞特色学校"等荣誉称号。先后被评为江苏省名小学、江苏省和谐校园、江苏省残疾人事业先进单位、江苏省助残先进集体等。

新时代，新征程。南通特教中心在深入研究盲、聋教育基础上着重关注培智教育、孤独症教育，特别是对各类学生如何在共同的校园内和谐相处、资源共享进行研究。在保障盲、聋、培义务教育基础上，学校切实抓好"两头延伸"，大力推进和实施融合教育，开展送教上门工作，根据学生需要、自身优势及已有经验等，不断挖掘、凝练自身办学特色，注重培育和打造属于自己的特殊教育品牌。

"为造就盲哑具有普通之学识，俾能自立谋生"。如今，在这所崭新而美丽的特教校园里，为实现从已有的"第一所"向更高的"第一流"目标迈进，开创现代特教新的辉煌，学校全体教职员工正秉承张謇特殊教育思想，意气风发、齐心协力，在新的征途上不懈奋斗着。

2. 南通市社会福利院

南通社会福利院命名于1963年。考察其前世今生，则是在张謇创办的众多慈善事业基础上建立并逐步发展起来的慈善机构。

1949年后，南通市政府为了加强地方事业的管理监督，成立南通市地方事业委员会，积极整顿育婴堂等机构。育婴堂仍设于养老院路。

1951年5月，南通市妇联会派员驻堂，协助改造。当年9月，慈善管理处撤销，育婴堂组织独立机构，直接由政府领导。育婴堂由此得到新的发展。

一是在建筑与器具方面，增加了卫生的婴儿室和药品室、营养室等，"修葺东部空屋，改为传染病隔离室；扩充婴儿用具，添置衣服、被褥，添置卫生药品"。[①]

二是在营养与卫生保健方面得到加强。营养方面规定了哺乳次数和时间的相距；规定乳的成分和数量；规范乳头清洁。1943年3月，在养老院内附设有惠

---

① 《育婴堂整理计划》（1951.10.9），南通市档案馆馆藏档案 E123-121-0011-0095。

婴牧场。至 1952 年 5 月，场内养乳牛 5 头，所产牛乳堂用 1240 磅，外销 659.5 磅。

保健方面注意婴儿室内的空气、日光和湿度；规定了沐浴次数；检查体温并逐日记载；每周检查婴儿体重；还聘请了有经验医师为婴儿诊病。公共卫生方面注意室内用物消毒和饮用水洁净；为婴儿施种牛痘、注射疫苗；注意各场所整洁并每月举行一次大扫除。

三是内堂管理得到改善。对乳堂婴儿进行检查；严格选择乳妇，确保其健康；加强对乳养妇的训练和病婴的调护理，及时诊治病婴。①

档案资料显示，当时的业务仍分为内堂、外堂两部分。外堂是堂外妇女把婴儿领回抚养，大多准备收养婴儿为子女，每月津贴两斗米，以 12 个月为限，婴儿至断乳时收回。1951 年 9 月，内堂时有职员 17 人（男 4，女 13），工友 14 人（男 12，女 2），共计 31 人。有男婴 67 名，女婴 53 名，共 120 名。另有外堂男婴 90 名，女婴 192 名，共计 282 名。内外堂合计婴儿数 402 名。②

另有 1952 年 5 月统计数据显示，时有内堂职员 18 人，工友 13 人，乳母 20 人，保姆 34 人，婴儿 170 名；外堂有婴儿 131 名，其中，堂发者 11 人，自生者 120 人。内外堂合计婴儿 301 名。

据记载，当年凡家境确系赤贫，生下婴儿万难维持必须送堂者，经地方政府证明，可照外堂例予以津贴，婴儿暂由其母抚养，至三个月后方可送入育婴堂。

1952 年 8 月 27 日，南通市地方事业委员会第四次会议决定，南通私立育婴堂由南通市人民政府社会福利事业管理处接管，改为公办。育婴堂的历史从此揭开了新的一页。

育婴堂于 1954 年更名育婴所，至 1958 年又更名为婴幼院。与此同时，原养老院于 1954 年更名为第一安老所，残废院则更名为第二安老所。1957 年，两安

---

① 《育婴堂整理计划》（1951.10.9），南通市档案馆馆藏档案 E123–121–0011–0095。
② 《南通市育婴堂报告》（1951.10.9），南通市档案馆馆藏档案 E225–121–0004–0060。

老所合并成立安老院，后又于第二年更名为"敬老院"。1960年8月，为适应新的形势，便于统一领导，敬老院与婴幼院合并办公。1963年5月，市政府将其改名为"南通市社会福利院"。① 至此，在接管改造旧有慈善救济机构基础上，原由张謇创办的育婴堂、养老院、残废院合而为一，组建成一所全新的，集育婴、安老、助残为一体的福利院。

1965年，因认为福利院带有资产阶级性质，南通市与其他地区一样，将社会福利院被改名为社会救济院。"文革"时期，南通救济院继续以"无儿无女、无家可归、无依无靠"人员为收容对象。据档案记载，1969年，南通市社会救济院有收容老人近300名，弃婴70多名。② 1975年，社会救济院有老残人员126名（其中，80岁以上占70%）、婴幼儿67名（残疾者占73%）。③ 由此可见，南通救济院改造在"文革"期间所受影响并不十分明显。

1979年11月，民政部召开全国城市社会救济福利工作会议，要求各地重点抓好整顿工作，进一步办好和发展社会福利事业。经市革委会批复同意〔通革（1979）字第282号〕，南通社会救济院由此恢复为南通市社会福利院，并进行整顿。据记载，截至福利院由市区养老院巷5号搬出止，该院总占地面积7072平方米。其中，建筑面积5572平方米，绿化面积2137平方米。有老人楼、幼儿楼各1幢。核定收养老人300人，婴儿、残疾儿童150人。院内设有医生、护士、保育员及幼儿教师。他们既是老师，又是父母，既教文化课，又管理生活，对婴幼儿日夜精心照料，被社会誉为"特殊园丁"。

2004年6月至2006年5月期间，南通市社会福利院（南通市儿童福利院）从南大街养老院巷5号迁至新址（工农南路185号），并于2011年增挂南通市

---

① 南通市档案馆馆藏档案 E225-121-0024-0167。
② 南通市社会福利院档案，1969年卷，第67页。
③ 《卫生工作总结（1975）》，南通市福利院档案1975年卷，第1页。

儿童福利院、南通市儿童福利服务指导中心牌子，为政府全额拨款的纯公益性事业单位。如今，南通市社会福利院总占地面积13188平方米，建筑面积13200平方米，主要承担弃婴及孤残儿童养育和城市"三无"人员的供养服务工作。全院现有职工110余人，其中，医生9人，护士12人，药剂师1人，康复技师2人。护理员45人，社工师19人。随着地方经济发展以及人民生活、健康水平提高等，加上所辖县市区福利事业发展，南通市社会福利院现有收养人员有所减少，其中，弃婴及孤残儿童50余人，城市"三无"人员90余人。经过多年发展，南通市社会福利院已成为集收养、特殊教育、医疗救治、功能训练、康复治疗为一体的综合性社会福利机构。

　　南通市社会福利院，历史悠久，沧桑百年。自育婴堂、养老院、残废院始，张謇便奠定了南通慈善文化的底蕴，其间虽也曾有曲折，但至今仍生生不息。1949年后，因社会氛围影响，由张謇创办的这些私立慈善机构，都尽可能淡化张謇及各机构的历史渊源。"文革"期间则以批判张謇及旧社会的剥削与"伪善"等为潮流。直至改革开放以后，市社会福利院才正本清源，重新认识到张謇等人在南通慈善史及该院历史上的作用，并逐渐重视对张謇慈善思想与实践作用的认识。辛勤汗水换来沉甸甸的奖牌和良好的社会声誉。如弃婴王如美，1952年由社会福利院收养，经过福利院培育，长大后用真情回报社会，几十年如一日，以一颗慈善之心，奉献出对孤寡老人、残疾儿童的特殊的爱，由弃婴成长为全国民政系统劳动模范。并还涌现出"江苏省最美护理员"钱美兰、省民政系统劳动模范王建民等一批优秀职工。同时，还获得了"全国文明示范岗"（儿童部），省"青年文明号"（松鹤楼班组）等荣誉。2008年，该院改变传统以"通"为姓的方式，通过爱心爸妈行动为儿童获取正常姓氏，助其融入社会，促进了他们的健康成长。

　　近年来，福利院相继通过新建院史室、开展主题教育活动等形式，不断强化张謇与该院的精神联结，并以此加强对师生及医护员工的教育和感化。全院上下大力弘扬"心系老幼、积慈献爱"单位精神，打造出"侍老人如父母、育儿童如己幼"的服务品牌，先后被评为省级行风建设示范单位、省级涉外收养工作先进单位、民政系统先进单位。

据统计，1952年以来，南通市社会福利院已先后收养"三无"老人、孤残儿童16 000余名，为发展社会慈善事业、保持社会稳定、促进社会和谐发展作出了应有贡献。

第六章 张謇慈善事业的社会影响与当代启迪

在清末民国初时期的经济与社会危机中,以救亡图存为目标,近代实业家张謇开始以南通为中心探索基于"地方自治"原则的慈善事业发展模式。以文化自觉为导向的系统化慈善主张、对于明清以来传统慈善模式的突破以及对西方慈善模式进行本土化改造的尝试都让张謇的慈善事业具有明显的近代性特征和中国性特点。虽然张謇的现代化慈善实验并没有在封建主义与帝国主义势力的夹缝中获得更广阔的发展空间,然而,张謇慈善活动与清末民国初中国社会复杂的社会、文化、经济与政治的紧密联系都让其具有多层次性的时代意义以及研究价值。故本章在总结张謇慈善思想和实践之社会影响基础上,关注其对于中国当代慈善事业发展的启示性意义。

在张謇的中国现代化模式中,实业、教育以及慈善是其以"中体西用"为原则,建立"新世界的雏形"的核心内容。对张謇来说,慈善与公益能够"弥缝"实业与教育事业在建构理想化的地方自治事业的不足之处,具有重要的现代性意义。因此,在张謇的系统性核心发展理念中,"举事必先智,启民智必由教育,而教育非空言所能达,乃先实业。实业教育既相资有成,乃及慈善,乃及公益"①。也正因为这样,相较于同时期带有理想主义色彩的慈善理论性探索(如康有为以破除传统宗法观念为目标的国家慈善观,或是孙中山基于"天下为公"的社会主义慈善思想),以及热衷于带有改良主义倾向的慈善探索(如郑观应、经元善等发起并组织、带有"民捐民办"特征的大规模赈济活动)来说,张謇带有系统性的慈善福利观以及围绕"地方自治"模式进行的扶危救困尝试更具强烈地域性特征及个人特点。因此,张謇的慈善思想和实践一方面延续了中国传统慈善精神,具有典型的民族性与中国性特征,另一方面又具有创新性——突破了中国传统慈善模式,带有明显的近代慈善特点。围绕着对张謇慈善思想与实践的总结、阐释

---

① 张謇:《谢参观南通者之启事》,《张謇全集》(5),上海辞书出版社,2012,第198页。

与反思,在关注张謇带有"因地制宜"特点慈善活动的同时,探索张謇慈善思想和实践的社会影响与当代启迪,仍有必要。

一、困境中的突破

在清末民国初的民族危亡之际,围绕着官办慈善机构(如养济院)或具有地方官督民办性质的善堂、善会建立起来的明、清慈善制度已经很难满足自然灾害、战争频发的中国近代社会对高效慈善救济功能的要求。而对于传统慈善模式(如善堂、善会等具有官方或非官方背景的慈善机构)衰落的原因,国内学者(如曾桂林与梁其姿等)往往从地方封建性的保护主义、贪墨成风、管理不善以及善款枯竭等方面进行总结。忽视清末民国初中央政府对地方慈善机构控制力与影响力的衰微,以及在此基础上形成、带有发展滞后性特征的慈善制度对我国近代慈善实践的影响,很难在宏观层面上形成对清末民国初慈善的深入研究,并导致对张謇带有地域性特征的慈善探索及其对中国近代慈善发展的贡献、意义与影响的理解不够深刻。

张謇致力于在清末民国初的慈善困境中推动并建立以文化自觉为导向的近代慈善公益模式。虽然在明末达到发展高峰的善堂、善会组织在清代得到了进一步发展,并以制度化形式对缓和社会中下层矛盾起到了积极作用,但是,随着清末的社会危机、金融危机与自然灾害导致生态危机的日益加深,清政府逐渐丧失了对地方的控制力。而与此同时,与之关系密切的传统慈善公益机构的救助效率也因此受到了前所未有的挑战。更确切地说,虽然有些学者(如罗威廉,马丽·兰金等)认为清政府奉行的"最低纲领主义和互不干涉政策"[①](Minimalist and Noninterventionist)让清代慈善组织,在官僚体制外的公共空间中得到了一定的自治力。而这种统治地方公共领域的权力在赋予了组织与管理慈善事业的社会

---

① 黄宗智:《中国研究的范式问题》,社会科学文献出版社,2003,第203页。

精英受人尊重社会地位的同时，也为其染指国家与地方政治提供了条件。但是，这并不意味着清政府失去了对于民间与社会组织的控制——无论从意识形态（如鼓吹正统儒家礼教）、经济（如政府的津贴、地方税收补助、摊派厘金与包括捐俸等形式的地方官员直接资助）、奖励制度（如赏赐官衔等官府的奖励与认可）与管理（如对厘金章程进行"立案"等官方介入手段逐渐成为监管和打击善堂陋习的主要方式[①]）等方面，清政府始终保持了对这些"编外"慈善组织的控制，保证其繁荣与发展，并能够体现清政府的国家利益与意志（如缓和社会中下层社会矛盾等）。即便如此，清末频发的重大自然灾害[②]、列强入侵导致的战争以及清政府具有争议性的经济对策（如洋务运动中对国防军事的投资比重过高导致近代化经济转型困难[③]）都让地方，尤其是除了大城市以外的广阔农村的福利救济领域出现了"权力真空"，"遗制渐湮"[④]。例如，清政府所重视的公共救灾机制（如设立社仓、义仓以防荒歉与开设养济院收养孤贫等）在面对晚清以来的重大饥荒时无能为力，甚至出现对受灾民众"竭全国之力而不能救其十一"[⑤]的情况。而其他类型慈善机构的发展情况也陷入困境，如受到"丁戊奇荒"的冲击，清末山东幸存的养济院与普济堂几乎寥寥可数[⑥]。在清代中期得到大规模发展的婴堂在同治以后，由于高企的婴儿死亡率而同样陷入名誉尽失的境地[⑦]。南通官办慈善救济事业在清末几乎"踪迹难觅"[⑧]。张謇在《南通新育婴堂募捐启》中对南

---

① 梁其姿：《施善与教化明清的慈善组织》，北京师范大学出版社，2013，第 102 页。
② 夏明方：《近世棘途——生态变迁中的中国现代化进程》，中国人民大学出版社，2012，第 212 页。
③ 苏全有：《从清末新政看财政危机中的政府应对》，《历史教学》，2013（3），第 16～22 页。
④ 朱金甫：《清末教案》（二），中华书局，1996，第 500 页。
⑤ 夏明方：《清季"丁戊奇荒"的赈济及善后问题初探》，《近代史研究》，1993（2），第 21～36 页。
⑥ 张宗鑫：《晚清山东慈善事业探析》，《临沂大学学报》，2011 年第 33 期，第 81～84 页。
⑦ 梁其姿：《施善与教化：明清的慈善组织》，北京师范大学出版社，2013，第 177 页。
⑧ 高鹏程：《后张謇时代的南通社会救助事业——从民国南通档案考察》，《安徽师范大学学报（人文社会科学版）》，2013 年第 41 期，第 494～502 页。

通育婴堂的描述也证明了这点:"吾通婴堂,旧建于城西隅,地庳屋隘,积秽刺鼻,有碍卫生;名为育婴,殊多戕贼。"①

二、转型中的探索

针对清政府对地方慈善事业控制力减弱所形成的旧式慈善机构的衰落与权力真空,张謇提出了具有近代性特征和理想化特点的慈善公益主张:

一是以"自存立、自生活、自保卫"的"村落主义"为基础,将慈善事业纳入地方自治运动中进行系统性改良。张謇作为清末新型绅商阶层的代表性人物,他所拥有的财富资本(资金)、社会资本(较高的社会声望,以及与官员和地方组织的紧密联系)与文化资本(教育程度),都让张謇能用更高效以及灵活的方式推动南通地方慈善事业的发展。比如说,南通新育婴堂的建立和快速发展就展示了张謇对地方公共事务的热情,以及对慈善事业的积极介入("以专办地方公益事宜,辅佐官治"②)。在面对由于贪污舞弊、管理不善以及善款枯竭等因素而导致的旧式育婴堂、育婴会婴儿死亡率居高不下的问题,张謇决定在三面环活水、空气清新以及卫生情况良好的南通唐闸建立南通新育婴堂。在经费募集这一方面,虽然善堂在建立之初的费用(两万四千余元)还依照旧式衿绅筹募善款的方式,如官款请拨(婴堂原有款项、义渡经费与田租岁入)、倡捐("大生纱厂分红期内,詧、謇捐资为倡,劝谕各执事集捐"③)、劝募(愿捐)与鸎字补助等方式筹集,但是在善堂运营过程中出现"寻常费"短缺问题时,以大生纱厂为代表的近代民族工商业作为一支新兴的慈善救济力量,展示出了强大的社会补充性力量与旺盛的生命力。根据张謇的统计,育婴堂的常年经费十分浩繁,每名婴

---

① 张謇:《南通新育婴堂募捐启》,《张謇全集》(5),上海辞书出版社,2012,第105页。
② 故宫博物院明清档案部编:《清末筹备立宪档案史料》(下册),中华书局,1979,第739-740页。
③ 张謇:《南通新育婴堂发起原案呈》,《张謇全集》(1),上海辞书出版社,2012,第76页。

儿每年花销在 20 元左右。在宣统元年（1909），当新育婴堂接收婴儿总数达到 1500 名时，维护善堂日常运行的开支达到三万余元，大大超出了新育婴堂原有善款来源（如旧育婴堂田租仅为每年四千元）的承受能力，并出现负债情况（该年育婴堂负债两千余元）。

面对困境，大生一厂从 1910 年开始大力资助新育婴堂发展。根据《大生企业档案》，从 1910～1922 年间每年从企业资本中向育婴堂拨款一万元左右，大大减轻了育婴堂的财务压力[1]。同样以大生一厂为例，其善举酬应费用随着企业不断发展而逐渐提高，在 1921 年达到四万三千余元（43998 元），展示了其对南通地方慈善事业发展的强大推动力。因此，张謇创办的大生集团不仅为南通地方慈善事业的发展注入了新鲜活力，还为其提供了可靠的资金支持。南通新育婴堂的成功（"开办一载，活婴数千"[2]）代表着张謇以实业为基础（"南通教育慈善之发端，皆由实业也"[3]），推动整体、系统化的社会改良运动（"南通言自治，自实业、教育、慈善，迄于河渠、堤防、道路、桥梁，大略俱举"[4]）的初步成功，并为其进一步繁荣和发展南通的慈善事业（"由简单而至于完备，由绌缩而至于扩充"[5]）奠定了实践基础。

二是支持带有地方自治特色的地方慈善事业发展，但反对形式上的因循守旧模式。在 1909 年清政府颁布的《城镇乡地方自治章程》中，八项事宜中的六项都提到了推动地方慈善公益事业发展（包括学务、卫生、道路工程、农工商务、善举以及公共营业），并期望用赋予地方精英公共权力的方式，提高其参与地方

---

[1] 《大生系统企业史》编写组：《大生系统企业史》，江苏古籍出版社，1990，第 152～158 页。
[2] 张謇：《南通新育婴堂募捐启》，《张謇全集》（5），上海辞书出版社，2012，第 105 页。
[3] 张謇《呈筹备自治基金拟领荒荡地分期缴价缮具单册请批示施行文》，《张謇全集》（1），上海辞书出版社，2012，第 431 页。
[4] 张謇：《南通义园记》，《张謇全集》（6），上海辞书出版社，2012，第 383 页。
[5] 张謇《呈筹备自治基金拟领荒荡地分期缴价缮具单册请批示施行文》，《张謇全集》（1），上海辞书出版社，2012，第 431 页。

残废院老人合影

公共事务的积极性并节约国家地方管理成本。张謇无疑是地方自治运动的支持者，他在《为民治学会立案事致省政府函》中特别强调救亡图存的关键在于"民治"（"民治亦法治之一，即自治也"①）。也正因为这样，张謇的慈善事业版图中几乎包括了晚清主要旧式善堂善会慈善救济形式（如恤嫠、施棺、栖流、济良所等）。除此之外，张謇还对慈善事业的救济领域进行了近代化改造与扩张，特别开设了六所，包括新育婴堂、养老院、医院、贫民工厂、残废院与盲哑学校等在内的新式慈善机构。与旧式慈善机构所提供的、具有临时性特点的重养轻教式的救济服务不同，张謇在设立新机构过程中重视教、养结合策略。如在日本访问期间，张謇就意识到慈善事业中养教结合的重要性。在访问日本盲哑院时，张謇在日记中记载了该机构的教学情况："盲者教识字母、教算、教按摩、教音乐、教历史地理，盲者教之。聋哑者教习画、习裁缝、习绣、习手语、习体操，哑者教之"，并发出"彼无用之民犹养且教之，使有用乎"②的感叹。故在与英国浸礼会传教士李提摩太交谈后，张謇在《感言之设计》一文中记录了他的慈善推广计划——考虑到为被救助群体提供可以自食其力的工作机会。他在规划养老院、残废院与初等小学过程中，同时规划了相应附属工厂③。在1916年的《南通盲哑学校暂行简章》中，张謇特别重视盲哑学生的教育问题，并在该校的办学指导纲领中强调"本校以造就盲哑使具有普通之学问、实业之技能及日用操作之知识，俾能自立谋生为宗旨"④。

虽然因为意识形态问题，重视善堂、善会道德示范力量、通俗佛教观点以及儒家价值观的官方并未给予这些新的慈善机构与善举充分认可。但是，张謇在充

---

① 张謇：《致省政府函》，《张謇全集》（2），上海辞书出版社，2012，第697页。
② 张謇：《癸卯东游日记》，钟叔河编，岳麓书社，2016，第27页。
③ 张孝若：《张季子九录》第三卷，上海书店，1932，第43页。
④ 《南通特殊教育中心》，《现代特殊教育》，2013（6）。

分吸收同时期西方教会慈善以及清代中期开始发展的慈善教化思想（如为孤儿以及流浪儿童提供职业教育与基础蒙学的义学、义塾等救助机构）的同时，利用自己文化、商业精英的资源对慈善救济手段进行了近代化改造与拓展。比如说，在1907年创办盲哑院之初，张謇曾致信求助江苏按察使朱家宝捐资助学，并以此"以人事补天憾"①，但是并未收到其回复。虽然受到冷遇和质疑（"中国今日不盲不哑之人民，尚未能受同等之教育，何论盲哑？"②），张謇并未就此放弃，而是在经过五年准备和积极奔走、筹措资金后，在南通狼山东北麓开设了中国人建立的第一座盲哑学校：狼山盲哑学校。自成立后，南通盲哑学校每年均招收20～30名男女学生③。在创建盲哑学校过程中，张謇不仅看重盲哑学校的教化性力量，还看重其对社会的示范性力量。他指出，盲哑学校建立的目的是通过"期以心思手足之有用，弥补目与口之无用"而最终达到"其归能不待人而自养"目的。通过这样的慈善教育行为，强调普及教育的重要性（"盲哑而可教以相当之知识，则凡不盲不哑，更无不可教之人"④）。

三是积极向西方学习但主张"沟通中西"，反对盲目西化。在清末地方出现的政府权力真空后，西方教会慈善救济（如英国浸礼会传教士李提摩太等领导的赈济活动）凭借其高效的救助力量引起了社会广泛关注，也引起了清末社会精英的普遍警觉。因为忧心西方教会力量借赈济灾民的机会收拢人心以及建立地方政治权威，光绪年间部分地方官员与开明绅商在救济领域与传教士展开竞争⑤，出现了带有"跟踪济赈"特征的大规模"义赈"。由于这些地方官员与商业精英倾

---

① 张謇：《致朱家宝函》，《张謇全集》（2），上海辞书出版社，2012，第213页。
② 张謇：《致朱家宝函》，《张謇全集》（2），上海辞书出版社，2012，第213-214页。
③ [日]驹井德三：《张謇关系事业调查报告书》，中国人民政治协商会议江苏省南通市委员会文史资料研究委员会编，《南通文史资料选辑》第四辑，内部资料，1963，第179页。
④ 张謇：《狼山盲哑学校开幕会演说》，《张謇全集》（4），上海辞书出版社，2012，第350页。
⑤ 夏明方：《论1876至1879年西方新教传教士的对华赈济事业》，《清史研究》，1997（2），第83～93页。

向于模仿传教士的救灾策略而大大提高了赈济效率，慈善救济领域内的"西学东渐"运动也开始逐渐突破旧式善举范围，并得到社会与文化精英的同情与认可。对于张謇来说，他虽然不支持"闭关主义"并主张"五洲互市，西法东渐"，在推动南通地区慈善事业的发展过程中参照"西法"，但是并不主张完全西化。更确切地说，张謇在创办育婴堂（"参用徐汇教会育婴之良法"①）、养老院（参考上海"耶教会安老院"②）、盲哑学校（参考日本京都盲哑院③与美国传教士米尔斯·查理夫妇创办的山东烟台启喑学馆④）与垦牧乡族葬处（"泰西欧美亦尚族葬"⑤）等慈善机构的过程，以及相关章程的制定中都参考了西方教会慈善模式，但是张謇并不认为全面西化是解决中国慈善问题的主要方式。

一方面，张謇认识到南通慈善事业的发展并不具备完全照搬西方模式的基本条件而积极采用本土化策略对其进行改造。比如，相对于西方教会慈善充足、稳定的善款来源，清末中国慈善机构所依赖的地租、捐赠往往具有不确定性。以1930 年张謇南通慈善事业预算为例，地租占养老院（59%）、育婴堂（69.12%）以及残废院与盲哑学校（41.24%）收入的一半左右，且由于该笔收入的高度不确定性，预算中往往做田租减半的预期⑥。张謇在《为养老院征求旧物启》中提到南通养老院面临的困难："尝见沪教会人所设之安老院，其基金自百而万，悉由欧美会员所捐，然院员二人，且日徒步随一车四出征求旧物……"⑦而南通养老院预算有限，没有办法雇佣可以派出的人员。在此情况下，张謇只能因地制宜，用在报刊上刊登启事等方式进行物资征求并以此进行拓宽善款来源渠道的尝试；

---

① 张謇：《南通新育婴堂募捐启》，《张謇全集》（5），上海辞书出版社，2012，第 105 页。
② 张謇：《南通养老院记》，《张謇全集》（6），上海辞书出版社，2012，第 373 页。
③ 张謇：《南通特殊教育中心》，《现代特殊教育》，2013（6）。
④ 张謇：《柳西草堂日记》，《张謇全集》（8），第 724 页。
⑤ 张謇：《垦牧乡设族葬处通告》，《张謇全集》（5），上海辞书出版社，2012，第 240 页。
⑥ 南通市档案馆馆藏档案 A215-112-0318。
⑦ 张謇：《为养老院征求旧物启》，《张謇全集》（5），上海辞书出版社，2012，第 137 页。

而另一方面，张謇试图将西方公益慈善行为纳入中国儒家和通俗佛教伦理价值体系中进行诠释，并以此找到中西慈善公益模式的共同点。换句话说，张謇认为向西方学习并不一定要全面否定中国文化。如在《拟集资订中药经征求同意书》中，张謇虽然认识到"是在今日尤不能不取西医学说，以辅吾之不逮"，但是他并没有全面否定中药的价值，而是用"实例"（采取"西法"制中药会达到更好的药效的例子）强调按照西药标准探索中药药性的必要性，并以此沟通中西药学，继而达到"举世大同"的目标①。同样，张謇在回忆其考察海耶教会安老院的经历时，并没有用基督教教义来解释其安老行为，而是用孔子的"安老"志向来进行诠释。他认为"使天下之人，皆得自养其老"属于"王政"，当"王政不得行，于是慈善家言补之，于是国家社会之义补之，凡以济政之穷，与政所不能及，通于政焉而已"②。

从以上方面，张謇十分重视慈善在其自治体系中的作用。在他带有理想主义色彩的城市近代化探索中，张謇的慈善救济活动一方面在一定程度上缓解了由于近代工商业高速发展所造成的旧有社会秩序崩溃问题，以及在此基础上形成的新的社会矛盾，对中国慈善事业发展具有启示及借鉴作用；而在另一方面，张謇对于具有近代特征的慈善救济模式的思考和实践都体现了近代知识分子"文化自觉"意识的觉醒，并以此为指导进行的救亡图存运动的大无畏探索精神。张謇的慈善事业大致可归纳为四点：①以新兴地方领袖——绅商为主导，在具有改良主义特征的地方自治模式中进行的公共事务管理活动；②以发展近代工商业为保障，对善款来源进行多样化探索；③推动慈善事业的近代化发展，拓展慈善救济范围与旧式模式；④在中西文化碰撞过程中，拒绝慈善事业以及管理模式的盲目西化，探索沟通中西的有效手段。在张謇慈善事业影响下，南通社会不断向善向

---

① 张謇：《拟集资订中药经征求同意书》，《张謇全集》（四），上海辞书出版社，2012，第479页。
② 张謇：《南通养老院记》，《张謇全集》（6），第373页。

好发展，并为中国慈善事业的发展做出了值得肯定的尝试。

三、兴衰启示

虽然张謇的慈善事业也随着大生集团财政危机的加剧不可避免逐渐走向衰落，甚至由于公益慈善事业开支经费不足而卖字筹款。然而，其对当代中国慈善事业发展所带来的启迪仍旧值得关注。

张謇的慈善事业所取得的成功充分证明，与大众经济生活联系紧密的工商业者慈善家群体由于其对社会利益与公共话题的敏感性，可以作为一支可靠的社会性力量，成为参与社会救助以及国家公益慈善事业的重要补充。这种敏感性让张謇在追求"义利"的过程中能够更深切地感知社会弱势群体的苦难，同时，更为高效、全面以及系统化地提供解决方案并付诸实践。特别是在清末天灾频发与社会动荡的背景下，由于清政府对慈善系统改革乏力（特别是具有保守性特点的传统地方性小善堂无力应对剧烈变化的社会需求）而导致的巨大慈善真空中，以张謇领导的大生集团为代表的民族资本积极承担社会责任，重视慈善在社会治理中的作用（"失教之民与失养之民，苟悉置而不为之所，为地方自治之缺憾者小，为国家政治之隐忧者大也"①），用创办近代慈善机构并提供一系列现代慈善公益产品的方式，对地方社会以及中国近代慈善事业的发展产生了较为深刻的影响力。胡适高度评价了张謇的现代化探索历程，他认为张謇的事业"关系一国的生命""独力开辟了无数条新路，做了三十年的开路先锋，养活了几百万人，造福于一方，而影响及于全国"。②陈翰珍则肯定了张謇对南通公共事业发展的影响，他认为南通"虽不敢说夜不闭户，道不拾遗，然索诸千七百余县中，亦独一无二

---

① 张謇《呈筹备自治基金拟领荒荡地分期缴价缮具单册请批示施行文》，《张謇全集》（1），上海辞书出版社，2012，第431页。
② 张孝若：《南通张季直先生传》，中华书局，1930，第3页。

仅有绝无之桃花源地也"。①

张謇慈善事业的兴衰也意味着推进适合中国的慈善事业发展模式必然不会一帆风顺,只有克服重重阻力,经过考验,才能不断推进中国式慈善现代化的发展。在清末民初的慈善危机中,张謇寄希望于依托经济资本以及社会资本,在中央、地方(清末逐渐"儒生化"的地方善会)逐利资本以及外国势力的权力网络中,探索一种相对独立、带有地域化特点的公共事务解决方案。张謇一方面希望利用晚清政府所倡导的地方自治政策,对南通地方公共事务进行大刀阔斧的重建与扩张,用"协商与对话"的形式,对旧有带有临时性的中央赈济以及宗法性的扶危济困措施进行改良;而另一方面,对教会慈善试图介入清朝公共事务的尝试持谨慎态度,并积极应对(如张謇在1884年与1924年参与在山东省以及太、嘉、昆、宝、常五县②的大规模跨区域义赈),希望以民族资本为依托,建立起系统化的近代慈善机构。虽然张謇的慈善事业在成立之初即取得了一系列令人瞩目的成就,然而,一系列内部与外部因素导致其发展受到了不同程度局限。这些因素包括:

一是张謇虽然积极参与跨省义赈,在一定程度上打破了传统慈善事业所带有的有限地域性特点的宗法性质,具有近代慈善特点;然而,张謇坚持用"村落主义"观念经营地方慈善事业,并没有进一步推动善款来源的多元化发展。尤其在大生集团财政出现困难后导致的善源枯竭问题让张謇主导的慈善事业举步维艰。如张謇主张将对慈善事业的主要捐资主体进行限制,高度重视家族以及大生集团在南通慈善事业建设中的作用,并用这样的方式避免让南通人民"轻受人惠"③。由于缺少地方政府("上而对于政府官厅,无一金之求助")、股东("从前所谓地方教育慈善公益者……未尝累及股东")以及地方群众("下而对于社会人民,

---

① 陈翰珍:《二十年来之南通》,(伪)南通县自治会印行,1938,第5页。
② 张謇:《救济太嘉昆宝常五县难民募捐启》,《张謇全集》(5),上海辞书出版社,2012,第256页。
③ 张謇:《大生纱厂股东会建议书》,《张謇全集》(4),上海辞书出版社,2012,第573页。

无一事之强同")的支持，张謇甚至在慈善资金短缺的阶段举债支持南通地方公共事务的发展。① 也正因为如此，虽然张謇可以在南通的地方公共事务领域中相对"自由"地重建以及改良慈善组织与机构，但是张謇的慈善事业也因此无法有效调动其他社会资源参与公共事务投资的积极性；故当南通在"农饥商疲，而金融滞"的"前年歉，去年灾"中陷入困顿，只能在七十岁高龄还为"年费累巨万"的慈善公益登报进行为期一个月的鬻字筹款。②

二是就外部因素来说，清政府对地方官僚体系之外的慈善事业，特别对于张謇在公共事务空间中所追求的"过度"自治以及政治主张（如行使"绅权"干预地方公事的权力要求）的冷淡反应，在一定程度上对张謇慈善事业的继续发展产生了消极影响。虽然，清政府对绅商代表的民间资源参与扶危济困的社会救济行动持开放态度，但是，绅商与官员之间在处理地方慈善事务过程中仍然存在着冲突，关系紧张。比如说，张謇于捐拨其任两淮盐政总理薪酬七万元创办了南通、东合、十二圩三所贫民工厂。巨大的开支（如南通工厂每月支出就达700元）③让只有开办费而没有"经常费"的三所工厂在开办之初就陷入了财政危机，而不得不求助政府。两淮盐运使姚煜虽然口头答应将交通银行装运北盐的余利三万元划拨至三厂维持其运营，但是交通银行以"货清账结，方可提款"④以及"清结无期，难于提付"⑤为理由，仅仅支付了少部分经费就不再给付。张謇在向包括姚煜在内的多位官员求助无果后，只能在"米荒水患"⑥中将濒临倒闭的工厂交由地方接管。而根据张謇与东台县王姓县长的通信记录显示，工厂的接办人在接

---

① 张謇：《大生纱厂股东会建议书》，《张謇全集》（4），上海辞书出版社，2012，第573页。
② 张謇：《为慈善公益鬻字启》，《张謇全集》（5），上海辞书出版社，2012，第237页。
③ 张謇：《致丁禾生函》，《张謇全集》（2），上海辞书出版社，2012，第610页。
④ 张謇：《致姚煜函》，《张謇全集》（2），上海辞书出版社，2012，第514页。
⑤ 张謇：《致夏辅宜函》，《张謇全集》（2），上海辞书出版社，2012，第589页。
⑥ 张謇：《复东台贫民工场函》，《张謇全集》（3），上海辞书出版社，2012，第1042页。

管工厂后突然改变承诺，将本应该由地方款产处认还的工厂欠款一千八百六十二元改为"拟自向欠户理楚，再求短少"，并且还提出了"还欠不还薪"的说法。张謇只能与东台县县长协商不对原经理丁禾翁之子进行追讨，且发放本就为数不多的欠薪。以上问题都说明张謇虽然对传统慈善事业的管理方式及组织形式进行了具有本土化特色的改造以及现代性思考，但是，无论是带有家族和地缘文化观念的地方性慈善思想，还是清末民国初地方官僚体系对地方公共事务管理的"不干涉"态度，都无法在广泛性和深度上提高社会资源参与慈善事业建设的热情。正因为如此，张謇慈善事业的发展以及所面临的挑战，都展示了对慈善事业相关政策制度需要根据社会发展不断改革与完善，并在国家各级层面加大对民间慈善组织以及资源进行正确引导的重要意义。

综上所述，张謇的爱国情怀以及人格魅力赋予了其所推动的慈善事业独特的中国性特征，也展示了对张謇慈善的深入研究与探索对理解中国近代慈善时代性与地域性的重要性。2020 年 11 月 12 日，习近平总书记参观南通博物苑张謇生平展陈时指出："张謇在兴办实业的同时，积极兴办教育和社会公益事业，造福乡梓，帮助群众，影响深远，是中国民营企业家的先贤和楷模。"拥有知识分子、新绅士领袖、官员等多重身份的张謇，在半殖民地半封建社会的清末民初所特有的、复杂的社会和历史语境中践行中国慈善精神。从文化自觉的角度，探索张謇在封建官僚体制改革乏力，帝国主义以军事、技术和资本优势加速对华侵略所造成的日益加剧的慈善危机中，在旧有慈善理念和慈善模式基础上，进行基于中国民族精神的本土化改造试验。也因此在对大量关于张謇慈善特点的分析基础上，展示出张謇以救亡图存为目标，以弘扬爱国情怀为理念，在帝国主义、封建主义和早期官僚资本主义所构成的权力复合体网络中，为探索具有中国特点的近代慈善所付出的艰辛努力与个人牺牲。

大事记

1875 年
海门下沙一带水患频繁,张謇等常商议赈灾。

1884 年
海门农民因缺少粮食聚众,张彭年让张謇等商议散赈平粜事宜,张謇多方筹措,帮助官府平粜。

1890 年
为海门恢复溥善堂出谋划策,奔走商讨,直至 1907 年恢复。

1896 年
创办儒寡会,优恤士族寡妇。

1898 年
在海门筹建社仓,拟定社仓章程,借粮于民。

1906 年
在唐家闸创办新育婴堂。

1908 年
《张謇鬻字字婴启》在《时报》刊登,标志着张謇开始以慈善为主要目的鬻字。

1911 年
通州遭受洪灾,张謇一面捐款赈灾,一面筹划借款修堤保圩。同年,创建南通医院。

1912 年

将医院改为南通医学专门学校。创办第一养老院。

1913 年

新建南通医院,次年开业。在狼山北麓筹建盲哑学校。

1914 年

于城东门外改良义茔。在城西门外大码头建贫民工场。

1915 年

南通济良所成立。开办狼山盲哑学校师范科。

1916 年

在狼山北麓创办残废院。在城西门外将原有养济院改建成南通栖留所。1919 年购进 X 光机。

1920 年

在海门常乐镇建设老老院,规模与第一养老院大致相同,后改名为第二养老院。建千龄观。在城南东寺后建旅殡所。

1922 年

在第一养老院对面建第三养老院。

参考文献

一、近代文献及资料汇编

[1] 南通市档案馆藏大生档案。

[2] 南通市档案馆藏民国档案。

[3] 南通市社会福利院档案。

[4] 近代报刊杂志：《申报》《时报》《时事新报》《中央日报》《东南日报》《新申报》《民国日报》《东方杂志》等。

[5] 南通近代报刊：《通海新报》《通通日报》《新江北日报》《五山日报》等。

[6] 翰墨林印书局编印：《通州兴办实业之历史》，翰墨林印书局，1910.

[7] 江谦. 南通地方自治十九年之成绩 [M]. 南通：翰墨林编译印书局，1915.

[8] 张謇，范铠等. 南通县图志 [M]. 南通：翰墨林编译印书局，1925（铅印本）.

[9] 张孝若. 南通张季直先生传记 [M]. 上海：中华书局，1930.

[10] 张孝若. 张季子九录 [M]. 民国二十年（1931）版。

[11] 许彭年、孔容照. 张南通先生荣哀录 [M]. 上海：中华书局，1931.

[12] 教育部编：《全国盲哑教育概况》，1936.

[13] 陈翰珍. 二十年来之南通 [M]. 南通：南通县自治会印行，1938.

[14] 南通县公署教育科.《南通县乡土志》（铅印本），民国三十八年（1939）

[15] 曹文麟. 张啬庵先生实业文钞 [M]. 南通：南通翰墨林书局，1948.

[16] 政协南通市委员会文史资料研究委员会.《日本驹井德三的张謇关系事业调查报告书》（油印本），1963.

[17] 故宫博物院明清档案部. 清末筹备立宪档案史料[M]. 北京：中华书局，1979.

[18] 何刚德. 春明梦录·客座偶谈（影印本）[M]. 上海：上海古籍书店，1983.

[19] 中国第二历史档案馆. 张謇农商总长任期经济资料选编[M]. 南京：南京大学出版社，1987.

[20] 张謇. 癸卯东游日记[M]. 南通：翰墨林书局，1903.

二、当代论著

[1] 刘厚生. 张謇传记[M]. 上海：上海书店，1985（影印本）.

[2] 杨立强等. 张謇存稿[M]. 上海：上海人民出版社，1987.

[3] 《大生系统企业史》编写组. 大生系统企业史[M]. 南京：江苏古籍出版社，1990.

[4] 曹从坡、杨桐主编. 张謇全集[M]. 南京：江苏古籍出版社，1994.

[5] 朱金甫. 清末教案[M]. 北京：中华书局，1996.

[6] 严学熙. 近代改革家张謇——第二届张謇国际学术研讨会论文集[M]. 南京：江苏古籍出版社，1996.

[7] 张季直先生事业史编纂处. 大生纺织公司年鉴（1895～1947）[M]. 南京：江苏人民出版社，1998.

[8] 常宗虎. 南通现代化，1895～1938[M]. 北京：中国社会科学出版社，1998.

[9] 南通市档案馆，张謇研究中心. 张謇所创企事业概览，内部刊印本，2000.

[10] 章开沅，田彤. 张謇与近代社会[M]. 武汉：华中师范大学出版社，2001.

[11] 虞和平. 中国早期现代化的前驱[M]. 北京：中华工商联合出版社，2001.

[12] 庄安正.张謇先生年谱（晚清篇）[M].长春：吉林人民出版社，2002.

[13] 江苏省地方志编纂委员会.江苏省志[M].北京：方志出版社，2002.

[14] 黄宗智.中国研究的范式问题[M].北京：社会科学文献出版社，2003.

[15] 南通博物苑编.南通博物苑百年苑庆纪念文集[M].北京：文物出版社，2005.

[16] 曾桂林.中国慈善简史[M].北京：人民出版社，2006.

[17] 严翅君.伟大的失败的英雄——张謇与南通区域早期现代化研究[M].北京：社会科学文献出版社，2006.

[18] 王敦琴.张謇研究百年回眸[M].南京：南京大学出版社，2007.

[19] 罗威廉.汉口：一个中国城市的冲突和社区[M].北京：中国人民大学出版社，2008.

[20] 蔡鸿源，徐友春.民国会社党派大辞典[M].合肥：黄山书社，2012.

[21] 李明勋，尤世玮.张謇全集[M].上海：上海辞书出版社，2012.

[22] 夏明方.近世棘途——生态变迁中的中国现代化进程[M].北京：中国人民大学出版社，2012.

[23] 周秋光.中国近代慈善事业研究[M].天津：天津古籍出版社，2013.

[24] 梁其姿.施善与教化：明清时期的慈善组织[M].北京：北京师范大学出版社，2013.

[25] 刘绍唐.民国人物小传[M].上海：上海三联书店，2015.

[26] 顾纪瑞.大生纺织集团档案经济分析1899-1947[M].天津：天津古籍出版社，2015.

[27] 李景文，马小泉.民国教育史料丛刊[M].郑州：大象出版社，2015.

[28] 张廷栖.学习与探索——张謇研究文稿[M].苏州：苏州大学出版社，2015.

[29] 张光武.百年张家[M].北京：东方出版社，2016.

[30] 张廷栖. 保护与传承——南通文史存稿[M]. 苏州：苏州大学出版社，2017.

[31] 庄安正. 张謇年谱长编（民国篇）[M]. 上海：上海交通大学出版社，2018.

[32] 南通市档案馆. 父爱如山[M]. 南京：江苏人民出版社，2018.

[33] 章开沅. 张謇传[M]. 杭州：浙江古籍出版社，2021.

三、期刊论文

[1] 夏明方. 清季"丁戊奇荒"的赈济及善后问题初探[J]. 近代史研究，1993（2）.

[2] 夏明方. 论1876至1879年西方新教传教士的对华赈济事业[J]. 清史研究，1997（2）.

[3] 章开沅. 张謇与中韩文化交流[J]. 华中师范大学学报（人文社会科学版），2000（6）.

[4] 朱英. 论张謇的慈善公益思想与活动[J]. 江汉论坛，2000（11）.

[5] 张海林. 论辛亥革命前张謇的政治思想及其实践[J]. 南京大学学报（哲学、人文科学、社会科学版），2001（1）.

[6] 陈争平. 试析近代大生企业集团的产业结构[J]. 江苏社会科学，2001（1）.

[7] 陈争平. 试论中国近代企业制度发展史上的"大生"模式[J]. 中国经济史研究，2001（2）.

[8] 汪圣云. 张謇与大生纱厂的兴衰[J]. 武汉科技学院学报，14（4）.

[9] 吕安兴. 张謇教育伦理思想研究[J]. 学术论坛，2003（4）.

[10] 吴良镛. 张謇与南通"中国近代第一城"[J]. 清华大学学报（哲学社会科学版），2003（6）.

[11] 羽离子. 论张謇的"无终山都邑"式社会理想[J]. 史学集刊，2004（4）.

[12] 赵明远. 张謇构建的近代南通社会保障体系[J]. 南通大学学报(社会科学版)，2005.9.

[13] 蒋国宏. 张謇慈善思想探源[J]. 贵州师范大学学报（社会科学版），2005（4）.

[14] 张宗鑫. 晚清山东慈善事业探析[J]. 临沂大学学报，2011，第33期。

[15] 曾桂林. 殊途同归 善与人同：张謇与熊希龄慈善事业之比较[J]. 科学·经济·社会，2011（3）.

[16] 苏全有. 从清末新政看财政危机中的政府应对[J]. 历史教学（下半月刊），2013（3）.

[17] 高鹏程. "后张謇时代"的南通社会救助事业——从民国南通档案考察[J]. 安徽师范大学学报（人文社会科学版），2013（7）.

[18] 羌建. 张謇慈善公益事业的家国情怀[J]. 南通大学学报（社会科学版），2015（3）.

[19] 周秋光、李华文. 达则兼济天下：试论张謇慈善公益事业[J]. 史学月刊，2016（11）.

[20] 赵华. 从"第一所"迈向"第一流"——江苏南通特殊教育中心百年办学纪实[J]. 现代特殊教育，2016（11）.

[21] 周秋光,陈国连. 中国慈善史研究的学术检视与思考[J]. 安徽史学，2022（2）.

四、外文资料

[1] Fong F. Sec and K.L.Kwong. Stories of People Who Achieve Success,Chang Chien[M] Shanghai：The Commercial Press Limtted，1930.

[2] Qin Shao. Culturing Modernity：The Nantong Model，1890—1930[M] Palo Alto: Stanford University Press，2004.

后 记

党的二十大报告指出："共同富裕是中国特色社会主义的本质要求，也是一个长期的历史过程。我们坚持把实现人民对美好生活的向往作为现代化建设的出发点和落脚点，着力维护和促进社会公平正义，着力促进全体人民共同富裕，坚决防止两极分化。"要求"引导、支持有意愿有能力的企业、社会组织和个人积极参与公益慈善事业"。党的二十届三中全会通过的《中共中央关于进一步全面深化改革 推进中国式现代化的决定》中提出"支持发展公益慈善事业"。

新时代，党和国家更加强调保护、激发和弘扬企业家精神。充分认识和正确理解企业家及企业家精神在中国式现代化中的推动作用，历史能给予新时代以深刻启示。我们对包括公益慈善事业在内"爱国企业家的典范"张謇进行比较全面、系统、深入的思考和研究，正是在这些历史条件下展开的。

弃仕途、闯商道，起而行之、敢为人先的强国担当，强毅力行、甘为牛马的奋斗姿态，福泽百姓、公仆天下的社会责任，知己知彼、见贤思齐的国际视野，是对张謇企业家精神的概括。在理论逻辑与实践逻辑、历史逻辑与发展逻辑结合中认识和把握张謇以爱国主义为核心的精神文化世界，认识和把握张謇企业家精神超越时空的文化价值和精神力量，对于新时代话语体系下推进张謇研究显得尤为重要。

投入，识见，实践，成就。如今，走在南通的大街小巷，诸多街巷就是以张謇所办公益和慈善事业命名的，如中学堂街、养老院巷、医校巷、育婴堂巷等，虽然一些实体建筑已然成为过去，但在南通这座开风气之先的"中国近代第一城"里，我们依然能强烈感受到张謇慈善事业的文化遗存和精神传承。

慈善事业，是张謇在南通践行其"实业救国""教育救国"理念之后，建设"一新世界雏形"又一重要的探索领域。在实践进程中，充分体现出张謇作为现代化先贤的"开路先锋"，为百姓谋福祉、为社会作贡献、为政府担责任的爱国爱家乡爱人民情怀，同时也留下了极为丰富的精神文化财富。

我们最初动念换个视角聚焦张謇，梳理慈善实践、研究时代价值，并写成一本书，还在2021年初冬。从那时起，黄正平同志召集赵明远、朱江、羌松延、鲁大为、吴昊翔、胡磊等六位同志，多次会商如何真正做好这一课题研究。此后，一起编定书稿纲目，分配撰写章节，并多次组织座谈、统稿。经过反复讨论、多次修改，历时两年多时间，本书终于得以与广大读者见面。

在撰写本书过程中，怀着对张謇慈善事业的崇敬之情和对学术研究的严谨态度，全体研究人员在繁忙的本职工作中腾出时间，满腔热情参与其中，日夜查阅资料、深入思考，数易其稿，付出了艰辛和必不可少的努力。

本书绪论部分，由南通市历史学会理事、通州区图书馆副馆长吴昊翔同志撰写。

第一章"张謇慈善思想渊源及发展",由南通大学张謇研究院特约研究员、张謇企业家学院特聘研究员赵明远同志撰写。

第二章"张謇早年的慈善实践",由南通市档案馆宣传教育处副处长胡磊同志撰写。

第三章"张謇在南通所办慈善事业"、第四章"张謇鬻字与慈善",由南通市档案馆研究馆员、四级调研员朱江同志撰写。

第五章"后张謇时代的南通张氏慈善事业",由南通开发区管委会副总督学兼南通市督学羌松延同志撰写。

第六章"张謇慈善思想和实践的社会影响与当代启迪",由南通大学艺术学院博士鲁大为同志撰写。

全书注释均出自新版《张謇全集》,以方便读者阅读。

作为该项目负责人,黄正平同志边学习、边研究、边撰稿,整理出张謇著作中关于社会责任专题的原句,撰写了6000字的《慈善:观照"爱国企业家的典范"张謇的重要领域和视角》一文,并负责代序、后记起草,又在朱江等同志协助下完成了修改、统稿、参考文献修订,吴昊翔同志完成大事记等相关后续工作。周佳丽同志对所有文稿作了校订。此外,为丰富本书内容,朱江、沈嘉豪、胡磊和黄为人、张炽康等同志查找了档案和图片资料,作为配图穿插于正文中,让本书能图文并现，兼具可读性和资料性。

本书的撰写及出版，离不开各位领导、有关部门和专家学者的关心、支持。中共南通市委宣传部对专门研究这一课题非常重视，提供了南通市级宣传文化事业专项资金资助，为课题顺利开展提供经费保障。南通市档案馆以其卷帙浩繁的档案资料，为本书的撰写提供了重要文献支持，部分档案也是首次在正式出版物中公开，这也成为本书一个特色、一大亮点。

我们特别采用了听觉障碍者瞿溢同志的一幅画作用于本书封面。他是南通博物苑一位普通工作人员，长期致力于张謇主题的美术创作，以表达对先贤的无比热爱和对文博事业的专注。张謇家乡海门的书画家张正忠同志也提供了他的一幅张謇油画肖像，用于封面勒口。付梓之际，衷心感谢推进大生档案入选世界记忆亚太名录并积极支持此书出版的市档案馆及其馆长陈海兵，大力传播张謇慈善文化并主动关心此书撰写的中华慈善博物馆及其馆长胡达，全心参与张謇企业家精神研究并一起参加讨论此书的南通职业大学副教授杨帆等各位同志。

同济大学创办于1907年，其早期在吴淞办学时，工科和机师科曾暂迁炮台湾海军学校，该校原址系张謇曾参与创办的吴淞商船学校。《张謇全集》里收录了有关吴淞商船学校校产纠纷事宜致同济大学函。现在《宏谋良愿——张謇的慈善理念与实践》一书由同济大学出版社出版，也算是一种历史的因缘。

南通历史上出过诸多名人，张謇无疑是其中有高度和深度的一位。深化以企业家精神为特色的张謇文化研究，推动南通历史文化阐释不断迈上新高度、达到新水平，是学界共同的使命和责任。本书虽然对张謇的慈善理念及实践进行了相对比较全面的梳理，但由于编著者水平有限，相关研究未能更加深入，书中的错误和不足难免。受新冠疫情三年等客观条件所限，对张謇在南通以外的慈善实践活动未能进行实地踏访，资料搜集还远远不够，这部分内容在全书中未能得到充分体现，期待修订时能予增补。书中有不妥之处，恳请社会各界和广大读者不吝赐教。

著者

2024 年 7 月

以下图书已经出版，敬请关注

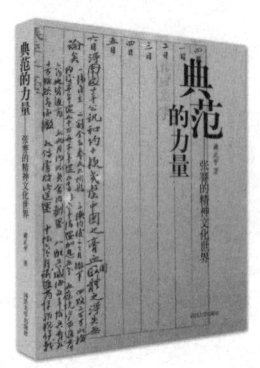

《典范的力量——张謇的精神文化世界》

黄正平 著

以历史的眼光、文化的情怀、学术的视角，客观评说、深度解读爱国企业家典范张謇的精神世界，彰显其企业家精神的时代价值和现实意义，以期对新时代工商经济界有所借鉴和滋养。

《回望江南：一所私立大学的激荡五年》

汪春劼 著

"山上清风湖畔月，同窗旧梦故人情。"

今天，当人们漫步无锡后湾山的太湖饭店及梅园、荣宅时，几乎无人知晓，七十多年前，这里曾诞生过一所江南大学……

《抗战胜利·民间影像特辑》

芷江受降、东京湾密苏里舰签字仪式、重庆狂欢、南京受降、天津受降、北平受降、青岛受降、上海、延安、接管张家口、1945航拍中国、故宫复原……

160余幅珍贵影像，呈现抗战胜利的重要时刻，主要城市的受降、庆祝和日侨遣返等，首度披露部分珍贵影像，重回七十年前激动人心的现场，见证中华民族的伟大胜利……

《我的 1945——抗战胜利回忆录》

一本史诗般的回忆录，全景式记录抗战胜利前后的巨变及其对中国人日常生活的影响。

大江南北，20 省、30 城，胜利、受降、接管、接收、复员、团圆……近 80 位高龄亲历者的回忆，包括四位百岁以上老人，样本身份多元，国军、共军、延安、重庆、沦陷区、大后方，甚至还有伪满和日侨的样本……共同见证中华民族百年屈辱的终结，填补民族记忆重要空白。

以下图书即将出版，敬请期待

《无锡水环境治理：一个江南样本的观察》

汪春劼 著

国内第一部全方位梳理一座城市水环境变迁的历史专著，全书共分七章，通过发掘锁在深闺的档案资料与早已无人记起的媒体报道，描述苏南工业中心无锡百年间水污染由点到线，由线到面的轨迹。透过政府、企业、专家、民众对水事故的应对举措，完成水污染与水治理的"赛跑"叙事，为观照中国环境治理之路提供了一份鲜活的江南样本。

《大生纱厂创办初期档案》

南通市档案馆 编

2022 年 11 月 26 日，在联合国教科文组织世界记忆亚太地区委员会第九次会议上，"大生纱厂创办初期档案（1896～1907）"成功入选《世界记忆亚太地区名录》。

大生纱厂创办初期档案包含手稿、账册、地图等，是大生纱厂在早期生产、经营和管理活动中自然形成的历史记录，见证了十九世纪末中国传统社会向近现代转型的历程。大生纱厂的成功是张謇将中国传统管理智慧与西方近代管理模式及生产技术相结合的产物，张謇是企业承担社会责任的引领者。其所揭示的张謇企业家精神，不仅是中华文明的精华，也是超越时空的人类文明重要组成部分。

详情垂询，请 E-mail：clq8384@126.com

诸生不欲有为社会则已，否则，当求为人所敬爱，而毋为人所畏忌。没有人任事兢兢
所欢迎几希；非然者，终见其为人畏忌耳。

惟謇一日在职，则一日不敢废事。

《规辟六县盐河呈文》，《张謇全集》（1），上海辞书出版社，

謇、国钧就职宣言声明不领俸薪，仔为在局临时意外之用，在事之日不滥用一人，不

《与齐耀琳书

夫实业之曰农、曰工、曰商者，既为诸君所熟知，而为人类之不可或缺者矣。人民之

鄙人所拳拳不忘者，则仍在本县已着手之各种事业。

《于南通各法团暨各界公饯会上之答词》，《张謇全集》（4），上

鄙人自前清成进士后，默察世界之大势，谛观内政之状况，知时局不可与有为，即绝

《于南通各

鄙人向来不言社会主张，惟见社会不平，必求所以改革，故亦种种实业教育，为穷人

世界进化，首重人道。人道之义，天之公也。

《致铁良函》，《张謇全集》（2），上海辞书出版

今之国计民生，以人人能自谋其衣食为先务之急。衣食之谋，在于实业。

《答顾昂千书》，《张謇全集》（3）

我出生于这座滨江小城，特别关注百姓的民生，发展教育和实业是改善人民生活的最

英文版

地方之人能兴事业，则于地方有益，如其不能，甚或蹂躏之摧残之，则其人于地方无
益亦必于地方无损。如是而已。

《骑岸镇高余小学校与乡立第一国民校合并仪式讲话》

训子出求学，言商仍向儒。

《钱翁》，《张謇全集》（7），上海辞书出版社，2012，第191页

天之生人也，与草木无异。若遗留一二有用事业，与草木同生，即不与草木同腐。故

, 唯信用是图，持之以恒，行之以谨，不以挫折灰心，不以见异迁志，其不为社会

两校本科毕业训词》，《张謇全集》（4），上海辞书出版社，2012，第 442 页

76 页

以"诚恕慎"三言为贯彻之的。

统徐世昌文》，《张謇全集》（1），上海辞书出版社，2012，第 488-489 页

即教育之目的在此。

范校友会第二届演说辞》，《张謇全集》（4），上海辞书出版社，2012，第 183 页

上，2012，第 255-256 页

为社会稍效微力。

公饯会上之答词》，《张謇全集》（4），上海辞书出版社，2012，第 255 页

有冻馁之忧，但亦不能令人人温饱。

习会第二次演说》，《张謇全集》（4），上海辞书出版社，2012，第 626 页

第 282 页

出版社，2012，第 845 页

实业图览序》译文，《张謇全集》（6），上海辞书出版社，2012，第 357 页

且有损，甚不可也。故余所以勖诸生者，太上则为有益于地方之人，其次即不能有

全集》（4），上海辞书出版社，2012，第 502 页

，做一分便是一分，做一寸便是一寸。

养老院开幕演说》，《张謇全集》（4），上海辞书出版社，2012，第 508 页